ELISABETH
KAISERIN VON ÖSTERREICH
Ein Frauenleben

Die Deutsche Bibliothek - CIP-Einheitsaufnahme

Reisinger, Brigitte:
Elisabeth, Kaiserin von Österreich : ein Frauenleben / Brigitte Reisinger. -
1. Aufl. - St. Pölten ; Wien : NP-Buchverl., 1998
ISBN 3-85326-097-7

1. Auflage 1998

Copyright © 1998 by NP BUCHVERLAG
Niederösterreichisches Pressehaus
St. Pölten–Wien

Zeichnungen: Herta Reisinger, Graz

Graphische Gestaltung: Maria-Anna Friedl, Wien

Gesamtherstellung: Niederösterreichisches Pressehaus
Druck- und Verlagsgesellschaft mbH, A-3100 St. Pölten, Gutenbergstraße 12

ISBN 3-85326-097-7

Bildnachweis

Historisches Museum der Stadt Wien (Seite 24, 25, 26, 30, 31, 36, 47, 49, 54 li, 57, 85 re, 104, 106)
Kunsthistorisches Museum Wien (Seite 18, 60, 68)
Österreichische Nationalbibliothek, Bildarchiv, Wien (Seite 17, 33, 50, 62, 71, 72, 77, 78, 83, 88, 92, 98,
101, 108, 115, 132, 139)
Sammlung Andreas Bichl, Wien (Seite 28, 121, 122 li, 125, 127, 128, 130)
Sammlung Viktor Kabelka, Wien (Seite 54 re, 65, 85 li, 120, 122 re, 131, 136, 142)
Sammlung Marcello La Speranza, Wien (Seite 91)

ELISABETH
KAISERIN VON ÖSTERREICH
Ein Frauenleben

Brigitte Reisinger

Für Andy Bichl

CHRISTKIND MIT BISS

Es begann wie im Märchen, doch es war ein Märchen mit Haken.

Es war einmal eine kleine Prinzessin. Alle sprachen davon, daß sie ein Glückskind sei, denn die Zeichen bei ihrer Geburt verhießen Wunderbares.

Die kleine Prinzessin wurde als „Christkind" am Weihnachtsabend, dem 24. Dezember 1837, geboren und war zu allem Überfluß auch noch ein Sonntagskind. Beim ersten Schrei des Winzlings blitzte es weiß aus seinem kleinen Mund. Das schreiende Bündel war schon bei seiner Geburt recht bissig unterwegs: Es hatte zwei Zähne! In Bayern, wo die Prinzessin zur Welt kam, deutet man dies als ein Zeichen des Glücks.

Das kleine Mädchen wurde auf die wohlklingenden Namen Elisabeth Amalie Eugenie getauft, doch keiner nannte sie so: Alle riefen sie nur Sisi.

Sisi, das Glückskind, dem alles Schöne und Gute in die Wiege gelegt wurde, das zu einem herrlichen Leben im Überfluß bestimmt schien, weckt unsere Neugier!

Riskieren wir einen Blick zurück in die Vergangenheit? Was wurde aus dem Christkind mit Biß?

Schloß Possenhofen („Possi") am Starnberger See.

WER IST GACKEL?

Barfuß mit Freunden und Geschwistern umherzutollen, zu reiten, zu schwimmen, zu segeln, einen Minizoo mit Hunden, Katzen, Lämmern und manchmal sogar mit Rehen zum Spielen zu haben, klingt das nicht herrlich! Vor allem dann, wenn der Schulunterricht durch Privatlehrer nicht besonders ernst genommen wird und schon ein klitzekleiner Vorwand genügt, um eine Schulstunde zu unterbrechen oder sogar ausfallen zu lassen?

Sisi muß wirklich ein Glückskind sein – oder?

Den Sommer verbringt sie gemeinsam mit ihrer Mutter und ihren sieben Geschwistern in „Possi", das ist der Spitzname der Familie für das Schloß Possenhofen am Starnberger See. Aber wo bleibt nur ihr Vater?

Nun, der ist ein seltener Gast seiner Familie, die meiste Zeit über ist er auf Reisen. Das ist auch gut so, denn Sisis Vater und ihre Mutter verstehen einander nicht sehr gut, immer wieder gibt es Streit. Die Eltern wurden in ihrer Jugend gezwungen, einander zu heiraten, obwohl sie sich nicht liebten. Gott sei Dank bekommen die Kinder nicht allzuviel mit von der unglücklichen Ehe ihrer Eltern. Übrigens, Sisis Vater ist nicht irgendwer, er ist Maximilian, der Herzog in Bayern.

Taucht der Vater wieder einmal bei seiner Familie auf, bekommt seine Frau „vor lauter Freude" zumeist furchtbare Migräne, aber für seine Rasselbande von acht Kindern beginnt ein tolles, wildes Leben. Ist der Vater im Haus, dann ist immer was los, vor allem für Sisi, Papas erklärten Liebling. Wie ein Rattenfänger zieht er Louis, Nené, Sisi, Gackel, Marie, Spatz, Sophie und Mapperl an sich.

!

LOUIS (Ludwig), 6 Jahre älter als Sisi
NENÉ (Helene), 3 Jahre älter, ist sehr klug, ruhiger, überlegter, einfach braver als Sisi.
*   Diese steht ganz unter der Fuchtel ihrer älteren Schwester Nené.*
GACKEL (Carl Theodor), 2 Jahre jünger, ist ein sehr hübscher, gescheiter Bub und als
*   solcher der erklärte Liebling seiner Mutter und auch der Lieblingsbruder*
*   seiner Schwester Sisi.*
MARIE, 4 Jahre jünger, ist ein besonders hübsches, aber auch ein wenig eitles Mädchen,
*   ein richtiger kleiner Snob.*
SPATZ (Mathilde), 6 Jahre jünger, ist sehr dünn, von daher rührt ihr Spitzname.
SOPHIE, 10 Jahre jünger, ist nicht nur die jüngste, sondern auch die kleinste der fünf
*   Schwestern. Ihren verträumten blauen Augen kann keiner widerstehen.*
MAPPERL (Max Emanuel), 12 Jahre jünger, ist das verwöhnte Nesthäkchen der Familie.

Gemeinsam spielen sie in den Gängen und Räumen des Schlosses Verstecken, sausen johlend durch den Park zum See, um ein Wettschwimmen zu veranstalten, oder lassen sich vom heißgeliebten Vater das Reiten beibringen.

Wer denkt da noch an Schulstunden, an Hausübungen oder hört auf das Keifen der Herzogin Ludovika, wenn sie sich wieder einmal vergeblich bemüht, ihren Kindern ordentliches Benehmen beizubringen. Aber gegen Herzog Max hat sie keine Chance. Er ist ein Bilderbuchvater, der von seinen Kindern vergöttert wird. Nur einen Fehler hat er: Er ist selten da – um so kostbarer sind seine kurzen familiären Gastspiele.

Mit Begeisterung lauschen die Kinder den Erzählungen ihres Vaters von seinen abenteuerlichen Reisen: z. B. daß das Schiff, auf dem der Herzog nach Ägypten reiste, in einen schweren Sturm kam und beinahe unterging oder daß er nur mit sehr viel Glück in Jerusalem der Pest entkam oder über seinen wochenlangen Ritt auf Kamelen durch die Wüste und wie er – auf einer der Pyramiden sitzend – auf seiner Zither Münchner Gstanzln spielte. Und wie der Vater erzählen kann! Vor allem Sisi kann von seinen Erzählungen nicht genug bekommen! Der Papa ist ihr erklärtes Vorbild, sie sein Lieblingskind, und sie ist ihm auch sehr ähnlich.

Sisis Vater tritt in seiner Manege im Münchner Palais vor seinen Freunden als Kunstreiter auf.

Herzog Maximilian in Bayern sitzt auf der Cheops-Pyramide und spielt Zither.

Sisi muß so wie ihr Vater ständig in Bewegung sein. Die Lehrer haben ihre liebe Not mit ihr. Man muß sie am Sessel festbinden, um sie länger an einem Platz zu halten. Nur beim Zeichnen und Schreiben von Gedichten kann sie ruhig an einem Ort verharren. Ja, das Schreiben übernimmt sie auch von ihrem Vater, der unter dem Decknamen „Phantasus" Gedichte, Theaterstücke und Geschichten veröffentlicht, und natürlich erlernt sie das Zitherspielen. Was immer der Vater tut, Sisi eifert ihm nach. Sisi ist eben sein besonderer Liebling, mit dem er gerne auch lange Bergtouren unternimmt.

Den Winter verbringt die Familie in ihrem Palais in München. Dort hat Herzog Max eine besondere Attraktion parat. Im Hof des Palais läßt er eine Zirkusmanege mit Logen errichten. Für seine Freunde führt er hier Reiterkunststücke vor oder tritt zu deren Gaudium als Clown auf.

Der Herzog in Bayern als Clown? Shocking! Den Herzog kümmert's herzlich wenig, was andere Leute darüber denken. Er tut nur das, was ihm Spaß macht, und er kann es sich leisten: Er ist reich, ein lockerer, lässiger, immer gut gelaunter Typ, der sein Leben in vollen Zügen genießt. Seine Zeit verbringt er mit Dichten, Lesen, Zitherspielen, Reiten, Reisen, er veranstaltet Kostümbälle, trifft sich mit Freunden, spielt zuweilen mit seinen Kindern und verliebt sich – zum Leidwesen seiner Ehefrau – ständig aufs neue in andere Frauen. Neben seinen acht ehelichen Kindern hat er einige uneheliche aufzuweisen. Das Mittagessen nimmt er prinzipiell mit zwei seiner unehelichen Töchter ein. Naja, die Begeisterung Ludovikas hält sich in Grenzen; doch später mehr dazu – vorerst zurück zu Sisi!

Sie hat ungeheuren Spaß daran, ihren Vater bei seinen akrobatischen Reiterkunststücken zu bewundern. Als der Vater erkennt, daß Sisi eine ausgesprochen talentierte Reiterin ist, bildet er sie sogar zur Zirkusreiterin aus.

Ein Leben als Zirkusreiterin, als Dichterin oder als Weltreisende? Was nützt es, dem Vater nachzueifern, Sisi ist ein Mädchen, und für ein Mädchen gibt es – kaum den Kinderschuhen entwachsen – nur ein Lebensziel: verheiratet zu werden und Kinder zu bekommen. Eigentlich schade – oder?

VERWANDT – VERLOBT – VERHEIRATET

Fünfzehn Jahre alt ist Sisi, als die fieberhafte Suche ihrer Mutter nach einem geeigneten Bräutigam beginnt. Einen guten Stammbaum und möglichst viel Geld sollte er haben. Doch was kann einem Ehekandidaten geboten werden? Eine besonders gute Mitgift sicher nicht – so reich war Herzog Max auch wieder nicht – und eine besonders schöne Braut auch nicht. Ludovika beschreibt ihre Tochter nicht sehr schmeichelhaft:

„... hübsch ist sie, weil sie sehr frisch ist, sie hat aber keinen einzigen hübschen Zug." Eines ist klar: Es würde schwierig werden, Sisi, das häßliche Entlein der Familie, an den Mann zu bringen. Sie sieht nicht nur wie eine pausbackige Bauerndirn aus, sie benimmt sich aus so, und sie spricht zu allem Überfluß auch noch bairischen Dialekt. Während ihre Mutter alle familiären Hebel – die Königinnen von Preußen und Sachsen sind ihre Schwestern – in Bewegung setzt, Sisi zu verheiraten, träumt diese den unerfüllbaren Traum einer romantischen ersten Liebe.

Graf Richard S. heißt er und steht im Dienste des Herzogs. Sie sieht ihn täglich. Manchmal hilft sie dem Zufall ein bißchen nach und „lauert" ihm auf. Doch während Sisi, auf einer rosaroten Wolke schwebend, ihren Richard anhimmelt, kommt ihr Ludovika auf die Schliche und bereitet dem zarten Techtelmechtel ein abruptes Ende: Man erteilt dem jungen Mann einen Auftrag und schickt ihn fort. Krank kehrt er wieder zurück und stirbt nach kurzer Zeit. Sisi fällt in tiefste Schwermut. Stundenlang sperrt sie sich ein, weint und schreibt Gedichte.

> Die Würfel sind gefallen,
> Ach, Richard ist nicht mehr!
> Die Trauerglocken schallen –
> Oh, hab Erbarmen, Herr!

Es steht am kleinen Fenster
Die blondgelockte Maid.
Es rührt selbst die Gespenster
Ihr banges Herzeleid.

Um Sisi auf andere Gedanken zu bringen, wird sie nach Bad Ischl mitgenommen, wo sich Ludovika mit ihrer Schwester Sophie und deren Söhnen treffen möchte. Ein lockeres Familientreffen sozusagen? Mitnichten! Helene, die schöne, ernste, verständige ältere Schwester Sisis, soll verkuppelt werden, noch dazu mit ihrem Cousin Franz Joseph, dem Kaiser von Österreich.

!

FRANZ JOSEPH

ist der unumschränkte Herrscher über mehr als 40 Millionen Menschen. Er allein entscheidet in seinem Land. Sein fast vollständiger Titel lautet:

„Kaiser von Österreich; König von Ungarn und Böhmen; König der Lombardei und Venedigs, von Dalmatien, Croatien, Slawonien, Galizien, Lodomerien und Illyrien; König von Jerusalem etc.; Erzherzog von Österreich; Großherzog von Toskana und Krakau; Herzog von Lothringen, von Salzburg, Steyer, Kärnten, Krain und Bukowina; Großfürst von Siebenbürgen, Markgraf von Mähren; Herzog von Ober- und Niederschlesien, von Modena, Parma, Piacenza und Guastalla, von Auschwitz und Zator, von Teschen, Friaul, Ragusa und Zara; gefürsteter Graf von Haßburg und Tirol, von Kyburg, Görz und Gradiska; Fürst von Trient und Brixen; Markgraf von Ober- und Niederlausitz und in Istrien; Graf von Hohenembs, Feldkirch, Bregenz, Sonnenberg etc.; Herr von Triest, von Cattaro und aus der windischen Mark; Großwoiwod der Wojwodschaft Serbien etc. etc. ...“

Sind die beiden ineinander verliebt? Keine Spur davon! Franzi und Nené kennen einander nur flüchtig von einem Familientreffen, aber ihre Mütter finden dennoch, daß die beiden gut zueinander passen. Doch eigentlich kümmern die Gefühle der beiden niemanden. Das einzig Wichtige an der Verbindung besteht darin, daß Österreich mächtiger werden möchte, deshalb soll der Kaiser von Österreich eine deutsche Prinzessin heiraten. Da Franzis Brautschau in Preußen und Sachsen nicht von Erfolg gekrönt ist, wird eine Verbindung mit Bayern ins Auge gefaßt. Die Paarung lautet also:

Österreich : Bayern oder Familie Habsburg : Familie Wittelsbach, nicht jedoch Franzi : Nené. Wer denkt da schon an Liebe und Zärtlichkeit?

DIE FAMILIEN HABSBURG UND WITTELSBACH

sind zwei alte Adelsgeschlechter. Die Wittelsbacher regieren schon seit dem 12. Jahrhundert in Bayern, die Habsburger seit dem 13. Jahrhundert in „Österreich". Zwischen den beiden Familien entstehen sehr enge, vielleicht sogar zu enge verwandtschaftliche Beziehungen. Regierende Fürstenhäuser versuchen mittels geschickter Heiratspolitik ihre Macht zu erweitern oder zumindest zu festigen. Verwandtenehen sind üblich. Franz Joseph und Helene sind Cousin und Cousine, ihre Mütter Schwestern. Unter ihren Vorfahren kommt es zu insgesamt über 20 Eheschließungen zwischen Habsburgern und Wittelsbachern, und sogar 30mal treten Wittelsbacher mit Wittelsbachern aus den verschiedenen Haupt- und Nebenlinien vor den Traualtar, so auch Helenes und Sisis Eltern. Kein Wunder, daß einige Eigenschaften bei den Wittelsbachern sehr stark ausgeprägt vorzufinden sind: Begeisterung für Kunst, die sie oftmals in dieser Richtung aktiv werden läßt; Liebe zu allem Schönen; Interesse an Besonderheiten, an Kuriositäten; Lebensfreude und Melancholie bis zum Wahnsinn; Weltflucht, Freiheitsliebe, Unruhegeist, der zur rastlosen Reise-leidenschaft werden kann.
Elisabeth entwickelt sich zu einer waschechten Wittelsbacherin.
Verwandtenehen führen zu eigenartigen Verwandtschaftsverhältnissen: Als die Eltern Franz Josephs, die Wittelsbacherin Sophie und der Habsburger Franz Carl, heiraten, wird Sophie zur Schwiegertochter ihrer Schwester Karoline, der Ehefrau Kaiser Franz' I., und ihre Nichte Helene will man zur Schwiegertochter ihrer Tante machen!

Nichtsdestotrotz reisen Herzogin Ludovika, Nené und Sisi im Sommer 1853 nach Bad Ischl, wo die kaiserliche Familie die Ferien verbringt. Die drei befinden sich in Begräbnisstimmung: Sisi trauert um ihren Richard, Herzo-gin Ludovika fürchtet sich vor ihrer tatkräftigen Schwester Sophie, und Nené, ja Nené hat einfach irre Angst vor dem Ungewissen, das sie erwar-tet: Einen Mann zu heiraten, den sie kaum kennt, und Kaiserin von Öster-reich zu werden, das ist ja keine Kleinigkeit!

Die Kleidung der drei Damen entspricht ihrer Stimmung: Sie tra-gen schwarze Trauerkleider. Eine Tante war kurz zuvor gestorben. Der Gedanke, daß eine ihrer Töchter Kaiserin von Österreich werden könnte, und vor allem der Gedanke daran, wie bedeutungsvoll das vereinbarte Tref-fen sei, lassen Ludovikas Kopf nahezu platzen: Sie bekommt einen Migräneanfall und muß die Reise unterbrechen. Und nun passiert gerade das, wovor sie am meisten Angst hat. Die Ankunft in Ischl wird zu einem einzigen Chaos: Verspätet, in von der Fahrt staubigen schwarzen Trauerkleidern – die Wagen mit dem Gepäck und den Kammerfrauen sind noch nicht eingetroffen – , so sollen sie vor dem Kaiser erscheinen?

In fieberhafter Eile wird Nené frisiert, Sisi flicht sich ihre beiden einfachen Zöpfe selbst. Sie ist unbefangen und auf ihre kindliche Art unbekümmert, keiner kümmert sich um sie. Denn alles dreht sich nur um Nené.

Für den Nachmittagstee ist das allesentscheidende Treffen geplant. Alle Anwesenden wissen Bescheid: Königin Elise von Preußen, zwei Brüder des Kaisers und andere Verwandte versuchen krampfhaft, eine zwanglose Unterhaltung in Gang zu bringen, und doch beobachten sie aus den Augenwinkeln stets nur das Paar. Das Paar? Ja, es ist Liebe auf den ersten Blick! Ein Blick des Kaisers genügt, und er verliebt sich Hals über Kopf in den kleinen Backfisch mit dem süßen melancholischen Kindergesicht, der zarten Gestalt und dem herrlichen dunkelblonden Haar: Der Kaiser verliebt sich in Sisi. Sein strahlendes Gesicht verrät es ohne Zweifel: Sisi ist die Auserwählte, sie und keine andere. Nené, die Ernsthaftere, Energischere im strengen schwarzen Kleid, hat gegen den kindlichen Charme ihrer jüngeren Schwester keine Chance. Alle bemerken es. Alle – außer Sisi! Die vielen Menschen machen sie scheu und schüchtern, in ihrer Aufregung ißt sie nichts. Daß sich ihr der Kaiser mit erstaunlicher Hingabe widmet und darüber Nené vergißt, bemerkt sie erst gar nicht. Doch der Kaiser hat Feuer gefangen:

„Nein, wie süß Sisi ist, sie ist frisch wie eine aufspringende Mandel und welch herrliche Haarkrone umrahmt ihr Gesicht! Was hat sie für liebe, sanfte Augen und Lippen wie Erdbeeren ... Sisi – dieser Liebreiz, diese kleinmädchenhafte und doch so süße Ausgelassenheit!"

Zum ersten Mal in seinem Leben gehorcht der brave 23jährige „Bub" seiner Mutter nicht. Er will Sisi und nicht Nené zur Frau! Seine

Mutter ist einverstanden: Ob Nené oder Sisi, das spielt doch keine Rolle. Hauptsache, es ist eine Wittelsbacherin – es bleibt ja doch alles in der Familie!

Franzi strahlt, doch zwei Menschen bleiben verletzt und verwirrt zurück: Nené, die verschmähte Braut, und Franzis Bruder Carl Ludwig, der verschmähte Bräutigam. Er hat sich schon als kleiner Bub während eines Familientreffens in Sisi verliebt, tauscht mit ihr Geschenke, ja sogar Ringe und muß nun erleben, wie ihm der ältere Bruder die Braut vor der Nase wegschnappt!

Auf dem Ball am Vorabend seines Geburtstages beobachtet Franz Joseph zunächst verliebt seine Cousine in ihrem weißrosa Kleid beim Tanzen. Doch dann möchte er der ganzen Welt zeigen, auf wen seine Wahl gefallen ist: Er tanzt den Kotillon – einen ganz besonderen Tanz, durch den die Herren zeigen, wer ihre Auserwählte ist – mit Sisi und überreicht ihr sein Bukett. Jeder Ballbesucher im Tanzsaal weiß, was das bedeutet, nur Sisi weiß es nicht. Sie geniert sich fürchterlich, im Mittelpunkt stehen zu müssen. Aber lassen wir ihre Tante zu Wort kommen, die dem Liebreiz ihrer kleinen Nichte anscheinend auch schon verfallen ist:

„In ihren schönen Haaren hatte sie einen großen Kamm stecken, der die Zöpfe rückwärts zurückhielt, sie trägt die Haare nach der Mode aus dem Gesicht gestrichen. Die Haltung der Kleinen ist so anmutsvoll, so bescheiden, so untadelig, so graziös, ja beinahe demutsvoll, wenn sie mit dem Kaiser tanzt. Sie war wie eine Rosenknospe, die sich unter den Strahlen der Sonne entfaltet, als sie neben dem Kaiser beim Kotillon saß. Sie erschien mir so anziehend, so kindlich bescheiden und doch ihm gegenüber ganz unbefangen. Es waren nur die vielen Menschen, die sie einschüchterten.“

Am nächsten Tag, am 18. August, dem 23. Geburtstag Franz Josephs, stehen ein Familiendiner und ein Ausflug zum Wolfgangsee auf dem Programm. Der Kaiser kümmert sich rührend um Sisi, jeder kann es sehen: Er ist schrecklich verliebt.

Und Sisi? Erwidert sie seine Gefühle, oder ist sie zumindest gewillt, seine Frau zu werden? Nun will es Franz Joseph ganz genau wissen. Er fragt seine Mutter, ob sie nicht Sisis Mutter und diese wiederum Sisi fragen könne, und er besteht darauf, daß auf seine Cousine kein Druck ausgeübt werde. Aber ehrlich gesagt – hat Sisi die Wahl, darf sie nein sagen?

Herzogin Ludovika sagt es klipp und klar: *„Dem Kaiser von Österreich gibt man keinen Korb."* Rührselig wird die Befragung Sisis durch ihre Mutter von ihrer Tante und künftigen Schwiegermutter beschrieben: Mit den Worten *„Wie soll man den Mann nicht lieben können?"* soll Sisi auf die Frage, ob sie Franz Joseph wohl lieben könnte, geantwortet haben und weiter: *„Aber wie kann er nur an mich denken? Ich bin ja so unbedeutend! ... Ich habe den Kaiser so lieb! Wenn er nur kein Kaiser wäre!"*

Dürfen wir Erzherzogin Sophie glauben? War nicht gerade sie als größter Fan ihres Franzi furchtbar verliebt in ihren Buben? Wie es wirklich war, das werden wir wohl nie erfahren. Eines aber ist sicher: Elisabeth muß bitterlich geweint haben! Wen wundert's, ein halbes Kind, unerfahren in jeder Beziehung, soll heiraten und zu allem Überfluß auch noch Kaiserin von Österreich werden! Dennoch hat Elisabeth besonderes Glück: Der außerordentlich hübsche, gertenschlanke junge Mann liebt sie von ganzem Herzen. Schließlich übermittelt Ludovika ihrer Schwester Sophie schriftlich Sisis Jawort.

!

DIE VERKAUFTEN BRÄUTE

Sisis Mutter und Schwiegermutter sind als Töchter des Königs von Bayern begehrte Heiratsobjekte. Sie werden von ihren Eltern verheiratet, ohne daß man auf ihre Gefühle Rücksicht nimmt. Um sie nicht auf „dumme Gedanken" zu bringen, dürfen sie keine Liebesgeschichten lesen. Nach dem Motto „Was ich nicht weiß, macht mich nicht heiß" sollen sie sich brav und widerstandslos in ihr Schicksal fügen.
Ludovika, Sisis Mutter, verliebt sich in ihrer Jugend in Dom Miguel von Braganza. Aus politischen Gründen wird ihr jedoch verwehrt, ihn zu heiraten. Statt dessen muß sie eine Ehe mit Herzog Maximilian in Bayern eingehen. Er ist ihr Vetter und entstammt einer Wittelsbacher Nebenlinie. Ludovika liebt ihn nicht, und zu allem Überfluß ist er auch keine besonders gute Partie. Ihre Schwestern werden Königin von Sachsen, Königin von Preußen oder zumindest Mutter eines Kaisers – Ludovika aber wird nur zur Herzogin in Bayern.

Franz Joseph und Elisabeth
hoch zu Roß in Bad Ischl.

Welch ein Abstieg für eine Königstochter! Ihre Hochzeit gleicht einer Trauerfeier, als ein Gesandter des nunmehrigen Königs, Dom Miguel von Portugal, noch einmal um ihre Hand anhält. Zu spät!
Ludovika wird eine frustrierte, von Migräne gebeutelte, ständig betrogene Ehefrau und neunfache Mutter. Eine sehr liebevolle Mutter ist sie, die ihren Kindern Wärme und Geborgenheit gibt. Dennoch verheiratet auch sie ihre Töchter ohne Rücksicht auf deren Gefühle mit Männern, die sie nicht lieben.
Sophie wiederum wird mit dem Erzherzog Franz Carl verheiratet. Nächtelang weint sie aus Angst vor ihrem künftigen Leben mit dem körperlich und geistig schwachen Erzherzog. Doch die Heirat ist beschlossene Sache. Sophie hat keine Chance, ihr Schicksal ist besiegelt. Sie macht das Beste aus ihrer Situation: Sie wird eine starke Frau unter schwachen Männern am Kaiserhof in Wien. Man sagt von ihr, sie sei „der einzige Mann" am Kaiserhof. Ihren Mann behandelt sie wie ein kleines Kind, verhindert, daß er auf den Thron kommt, und macht ihren Sohn Franz Joseph zum Kaiser von Österreich.

Franz Joseph im Glück und seine schüchterne, weinende Braut stehen im Mittelpunkt zahlreicher Feste. Sisi wird mit Juwelen und Geschmeiden überhäuft und als Kaiserbraut bestaunt. Wie ein braves Kind, aber immer unter Tränen, tut sie alles, was man von ihr verlangt: Sie besucht die heilige Messe, unternimmt Ausflüge und erträgt mit Geduld Familiendiners und Bälle. Spaß macht ihr all das sicher nicht. Sie hat Angst vor den vielen fremden Menschen, die sie neugierig begaffen. Franz Joseph hat Verständnis: Er erkennt, daß seine Braut noch sehr kindlich ist. Im Garten der kaiserlichen Villa in Bad Ischl läßt er für seine Kleine eine Schaukel anbringen und unternimmt mit ihr eine Spazierfahrt. Nur der Generaladjutant Carl

Das Brautpaar Sisi und Franz Joseph unternimmt eine Spazierfahrt in die Gegend rund um Ischl. Der Generaladjutant Graf Grünne kutschiert den offenen Wagen.

Graf Grünne, einer der wichtigsten politischen Berater des Kaisers, darf sie als „Kutscher" begleiten. Augenblicke der Ruhe, der Unbekümmertheit in freier Natur sind ihr noch vergönnt. Doch es ist die Ruhe vor dem Sturm ...

Elisabeths Vater und der König von Bayern, der „Boss" der Familie Wittelsbach, werden um Genehmigung der Verlobung ersucht. Als Verwandte, als Cousin und Cousine, dürfen Sisi und Franz nicht ohne weiteres heiraten, sondern müssen erst den Papst um Erlaubnis fragen. Aber – wie schon erwähnt – „dem Kaiser von Österreich gibt man keinen Korb", und so wird die Verlobung auch offiziell in Zeitungen bekanntgegeben: Nun gibt es kein Zurück mehr! Alle Welt will wissen, wie die Frau aussieht, die Franz Joseph, einer der begehrtesten Junggesellen Europas, zur Braut erkoren hat. Die Maler und Zeichner in Bayern haben Hochbetrieb. Sisi muß Modell stehen, und der verliebte Kaiser vertreibt ihr dabei die Zeit. Die Verliebtheit

Franz Josephs und das stolze Bewußtsein, noch vor ihrer schönen, klugen Schwester erwählt worden zu sein, lassen auch in Sisi zarte Anflüge von Liebe keimen. Von zärtlichen Küssen wird berichtet ... doch der Abschied von Franz naht.

Sisi kehrt nach Bayern zurück, wo sie in einem „Schnellsiederkurs" für ihre künftigen Aufgaben als Kaiserin getrimmt wird. Obwohl intelligent, phantasiebegabt und mit einem erstaunlichen Sprachentalent gesegnet, wurde Sisis Ausbildung sträflich vernachlässigt, so manches muß nun in kürzester Zeit nachgeholt werden.

Wie sieht das Lernprogramm der künftigen Kaiserin von Österreich aus: Italienisch, Tschechisch, natürlich Französisch und österreichische Geschichte, aber auch wie man sich bei Hofe benimmt, wie man spricht, wie man sich kleidet und wie man tanzt, steht auf der Tagesordnung. Sisi stuckt, Sisi büffelt, sie versucht all das Neue in ihr Gehirn hineinzuquetschen, aber sie steht unter so großem Druck, daß es ihr unerhört schwerfällt. Ihre Mutter macht sich große Sorgen: Kann ihre kleine, sensible Tochter am Kaiserhof vor den kritischen Blicken der vornehmen Wiener Gesellschaft bestehen? Schafft sie es, die Aufgaben einer Kaiserin von Österreich zu bewältigen? Sie ist doch noch ein halbes Kind! Doch etwas beruhigt Ludovika ganz entschieden: Franz Joseph liebt seine Braut. Mit Schaudern erinnert sie sich an ihre eigene Hochzeit zurück, als der Bräutigam ihr ganz unverhohlen mitteilt, daß er sie nicht liebe und nur aus Angst vor seinem Großvater eine Ehe mit ihr eingehe. Und Ludovika – liebt sie ihren Bräutigam? Nein, auch sie wird zur Heirat gezwungen, ihr Herz gehört einem anderen.

Doch zurück zu Sisi. Die einzigen angenehmen „Schulstunden" sind die Geschichtsstunden mit dem Historiker Graf Johann Mailáth. Nicht nur Sisi ist von seinen Vorträgen begeistert: Dauern diese bis in die Abendstunden hinein, nehmen daran auch Nené, Gackel, andere Lehrer und sogar Herzogin Ludovika teil. In dieser gemütlichen, vertrauten Atmosphäre lernt es sich natürlich besonders leicht! Mailáth ist stolzer Ungar und vielleicht ein bißchen sogar Republikaner. Er vermittelt Sisi die österreichische Geschichte aus dem Blickwinkel der Ungarn, wirbt vor allem um Verständnis für ihre Sonderrechte, die ihnen Franz Joseph nach der Revolution wegnahm, und er erklärt ihr die Vorteile einer Republik gegenüber der Monarchie. Wenn das Sisis Tante und künftige Schwiegermutter wüßte! Was Sophie auf den Tod nicht ausstehen kann und scheut wie der Teufel das Weihwasser, läßt sich in drei Worten sagen: Ungarn, Revolution, Republik. Alle drei zusammen bedrohen die Macht ihres Franzi, pfui! Sophie sieht sich auch immer mehr als Erzieherin Sisis und beginnt die junge Frau mit beleidigenden Ratschlägen zu nerven: Ihre Nichte solle ihre gelben Zähne doch gefälligst besser putzen, und außerdem solle sie nicht zu viel reiten. Wie in Butter prägt sich jede Nörgelei Sophies in das kindliche, leicht verletzbare Gemüt Elisabeths ein, schwächt ihr ohnedies geringes Selbstbewußtsein. Sie ahnt: Das ist nur ein kleiner Vorgeschmack auf das, was sie in Wien erwarten wird.

Hochzeitsvorbereitungen ... einst ein Zauberwort für so manches Mädchen, Hochzeitsvorbereitungen ... ein Wort, das für Sisi mit einem einzigen Gefühl verbunden ist: Angst, Angst und noch einmal Angst! Mit jedem neuen Kleid, Korsett oder Hut – man muß für sie die Brautausstattung, die sogenannte Aussteuer, zusammenstellen – wächst die Angst. Nicht einmal an den herrlichen Ballkleidern und den Juwelen – Geschenke ihres Bräutigams – hat sie Freude. Und dann noch das langweilige Anprobieren der neuen Kleider! Jeder Tag ist bis zur letzten Minute verplant. Sie ist ein halbes Kind, das derlei Firlefanz wirklich nicht interessiert, um so mehr aber freut sie sich über ein ganz besonderes Geschenk Franz Josephs: Er schickt ihr einen Papagei.

Sisi wird immer melancholischer, in sich gekehrter. Sie nimmt langsam Abschied von der ihr vertrauten Umgebung und von der Kindheit, um nahtlos in ein Erwachsenenleben überzuwechseln.

Lebet wohl, ihr stillen Räume,

Lebet wohl, du altes Schloß.

Und ihr ersten Liebesträume,

Ruht so sanft in Seesschoß.

Lebet wohl, ihr kahlen Bäume,

Und ihr Sträucher, klein und groß.

Treibt ihr wieder frische Keime,

Bin ich weit von diesem Schloß.

Wie ergeht es Franz Joseph in Wien nach den *„göttlichen"* Tagen in Ischl? Natürlich ist es ein kleiner Schock für ihn, nach den *„Ferien"* wieder *„in die hiesige papierene Schreibtischexistenz mit ihren Sorgen und Mühen"* zurückzukehren, aber seine Verliebtheit setzt ihm eine rosarote Brille auf.

FRANZ JOSEPHS JOB

Franz Joseph wird mit 18 Jahren Kaiser von Österreich, nachdem sein kranker Onkel Ferdinand während der Revolution von 1848 – des gewaltsamen Umsturzes der politischen Verhältnisse durch das Volk – abgedankt hat. Zuvor hat Kaiser Ferdinand dem Volk gezwungenermaßen eine Reihe von Rechten zugebilligt: Die Zensur von Zeitungen und Büchern wird aufgehoben. Der Kaiser soll nicht mehr allein regieren, sondern die Bürger an der Gesetzgebung beteiligen.

Unter Franz Joseph werden Aufstände in Österreich, Ungarn und Italien brutal niedergeschlagen und nahezu alle Zugeständnisse an das Volk zurückgenommen. Die Anführer der Revolution werden hingerichtet. Franz Joseph regiert wieder absolut, d.h. er entscheidet im Staat völlig alleine. Jung, unerfahren und unentschlossen ist er, so daß viele seiner Entscheidungen nicht gerade zum Vorteil Österreichs sind. Im sogenannten Krimkrieg entscheidet er sich gegen eine Unterstützung Rußlands, wenngleich gerade Rußland den Kaiser bei der Niederschlagung der Revolution unterstützt hat.

Franz Joseph nimmt seinen „Beruf" sehr ernst. Trotz seiner Jugend ist er übermäßig pflichtbewußt. Jeden Tag sitzt er schon in aller Herrgottsfrühe an seinem Arbeitstisch und bearbeitet sehr genau Akt für Akt. Seine Mutter, die großen Einfluß auf ihren unerfahrenen Sohn hat, hat ihn zu einem durch und durch disziplinierten Menschen erzogen, dem die Pflicht über alles geht, und nichts, wirklich nichts kann ihn von seinen Aufgaben abhalten.

Er denkt „*mit unendlicher Sehnsucht nach Westen*" – nach Bayern – und an seine bevorstehende Hochzeit, er sucht immer tollere Geschenke für seine kleine Braut aus und sollte doch seine Gedanken für eine wichtige politische Entscheidung frei haben: Soll Österreich Rußland im Krieg gegen die Türkei unterstützen oder vielleicht doch nicht oder vielleicht die Gegner Rußlands, Frankreich und England, oder vielleicht doch nicht ... Franz Joseph hat keine Ahnung, wie er sich verhalten soll. Auch seine Berater sind ihm keine große Hilfe. So entschließt er sich, nichts zu tun. „Abwarten und Tee trinken" scheint sein Motto zu sein, in Wirklichkeit kennt er sich „hinten und vorne" nicht aus und ist vollkommen hilflos. Also flüchtet er, getrieben von Sehnsucht, zu Sisi nach Bayern.

Die lockere Atmosphäre in Sisis Familie tut ihm gut, er schwärmt: „*Alle Tage liebe ich Sisi mehr und immer überzeuge ich mich mehr, daß keine für mich besser passen kann als sie ... Ihre Zähne sind auch ... ganz weiß geworden, so daß sie wirklich allerliebst ist.*"

Sisi ist nun keine Unbekannte mehr. Ein schlichter Theaterbesuch oder ein Besuch des Hofballs in München wird zum Spießrutenlauf. Für das schüchterne Mädchen ist es ein Horror, im Mittelpunkt stehen zu müssen. Die Blicke neugieriger Menschen muß sie wie Nadelstiche empfinden. Die Angst vor einem Leben an Franz Josephs Seite wird groß und größer, doch gleichzeitig wächst auch ihre Liebe zu ihm. „*Wenn er nur ein Schneider wäre*", jammert sie.

Die Hochzeitsvorbereitungen laufen auf Hochtouren. Mit ungeheurem Tempo wird eine Aussteuer für Sisi zusammengestellt, da keiner damit gerechnet hat, daß sie den Kaiser von Österreich „angeln" würde und nicht Helene: 50 000 Gulden Heiratsgut bekommt sie vom Vater. Die Brautausstattung der künftigen Kaiserin paßt in 25 Koffer: Garderobe im Wert von 50 000 Gulden, Schmuck im Wert von 100 000 Gulden: zum Großteil Geschenke des Kaisers – und eine Silberausstattung im Wert von bloß 700 Gulden.

INHALT DER 25 KOFFER DER KAISERLICHEN BRAUT

SCHMUCK: großteils Geschenke des Bräutigams und seiner Mutter, darunter ein Diamantendiadem mit Opalen, Collier und Ohrringe – ein Geschenk von Tante/ Schwiegermutter Sophie. Diese trug das Diadem anläßlich ihrer Hochzeit.
SILBERGESCHIRR
GARDEROBE: blauer Samtmantel mit Zobelbesatz und Zobelmuff (Geschenk Franz Josephs – wertvollstes Stück der Ausstattung), vier Ballkleider in Sisis Lieblingsfarben: Rosa, Himmelblau mit weißen Rosen und Weiß, 17 „Putzkleider" (festliche Schleppenkleider, darunter das Brautkleid), 14 Seidenkleider, 19 Sommerkleider, 3 Krinolinen (Reifröcke), 4 Korsetts, 3 Spezialreitkorsetts, zu den Kleidern passende Putzgegenstände wie Federn, Perlen, Rosenblätter, Blumenkränze usw. – diese trugen die Damen in ihren Händen –, 16 Hüte, darunter ein Gartenhut mit Feldblumengirlande, mit dem Elisabeth ihren Bräutigam in Ischl bezirzte, 144 Stück Unterhemden, 36 Nachthemden, 168 Strümpfe, 10 Nachtjäckchen, 12 Nachthauben, 3 Negligé-Häubchen, 24 Nachthalstücher, 72 Unterröcke, 60 „Beinkleider", 24 Frisiermäntel, 3 Badehemden, 6 Paar Lederstiefelchen, 113 Paar Schuhe sowie andere Gegenstände, etwa 3 Regenschirme, 5 Sonnenschirme, 3 Paar Gummigaloschen (Überschuhe), Kämme, Kleider-, Haar-, Nagel-, Zahnbürsten usw.

Sisi kommt sich nun unerhört reich vor, noch nie in ihrem Leben hat sie so viele schöne, wertvolle Dinge besessen. Arme Sisi! Sie weiß nicht, daß ihr Heiratsgut mehr als mickerig ist, so daß sich in Wien die adligen Damen ihre Mäuler über die arme Kaiserbraut zerreißen. Franz Joseph bessert die dürftige Mitgift Sisis mit 100 000 Gulden auf und verspricht als Morgengabe für den Verlust der Jungfernschaft 12 000 Dukaten. 100 000 Gulden soll Sisi jährlich allein für *„Putz, Kleider, Almosen und kleinere Ausgaben"* erhalten, alles andere zahlt der Kaiser. Elisabeth hat umgerechnet rund 16 Millionen Schilling jährlich zur Verfügung.

Verglichen mit den 200 bis 300 Gulden jährlich, dem Lohn eines einfachen Arbeiters – eine Frau verdient in etwa die Hälfte davon –, sind dies gewiß astronomische Summen. Und wer kann schon 113 Paar Schuhe sein eigen nennen? Doch mit 113 Paar Schuhen kommt die Kaiserin gerade mal 113 Tage aus. Warum? Die Kaiserin darf ein Paar Schuhe nur einen Tag lang tragen, dann werden sie verschenkt.

In Wien baut Tante Sophie für das Brautpaar ein prunkvolles Nest: Eine Wohnung in der Hofburg wird eingerichtet und mit allem, was

Elisabeth hält in ihrer linken Hand einen Kranz aus frischen Rosen, den sie zu ihrem 16. Geburtstag bekommt.

gut und teuer ist, geschmückt. Sophie schenkt dem Brautpaar als Sommersitz eine Villa in Ischl, die erweitert wird und zu Ehren Elisabeths den Grundriß eines „E" erhält. Sophie findet ihre Nichte entzückend und verwöhnt sie, wie sie nur kann. Zu ihrem 16. Geburtstag schenkt sie Sisi etwas ganz Besonderes: ein Bukett und einen Kranz frischer Rosen. Nichts Außerordentliches? Doch, denn Rosen im Winter waren im vorigen Jahrhundert in Bayern schlichtweg eine Sensation!

Der Tag der Abreise naht. Ludovikas Angst um ihre Tochter wird immer größer. Wird ein hübscher Backfisch, freiheitsliebend, wahrheitsliebend, naturverbunden, intelligent, künstlerisch interessiert, sportlich und schüchtern, in einer Welt bestehen können, in der Herkunft, Geld, Äußerlichkeiten, Repräsentation und Intrigen herrschen? So wie ihr Vater beurteilt Sisi Menschen nicht nach ihrem Rang, adliges Standesdenken ist ihr fremd! Muß sie sich nicht völlig ändern? Alles, was wichtig, kostbar, interessant für sie ist, soll es in Zukunft nicht mehr sein? Dafür wird vieles, was ihr völlig egal ist, plötzlich furchtbar bedeutend. Wie wird sie das strenge Zeremoniell der Hochzeitsfeierlichkeiten ertragen und wie um Gottes willen die genauen Vorschriften bei Hofe: Wer darf mit wem wann wo was sprechen, wer betritt vor wem das Zimmer?

Fragen über Fragen! Ludovikas stolze Freude über die brillante Karriere ihrer Tochter weicht der Sorge um deren Wohl. Eines ist klar: In Sisis Leben bleibt kein Stein auf dem anderen, alles ändert sich, nichts bleibt, wie es war.

Elisabeth als Braut. Als Vorlage dieses Bildes dient ein Gemälde, das Franz Joseph als einziges für wirklich lebensecht hält.

Elisabeth als Kaiserin mit Hermelinmantel, dem Zeichen ihrer kaiserlichen Würde.

KNALLIGER EMPFANG IN WIEN

Tränenreich nimmt Sisi Abschied und begibt sich auf die Reise nach Wien. Ein Stückchen Heimat und Geborgenheit darf sie noch begleiten: ihre Mutter und ihre Geschwister. Drei Tage dauert die Fahrt. Sind drei Tage Zeit genug, um den Sprung vom Kind zur Ehefrau und Kaiserin über ein Volk von rund 40 Millionen Menschen zu schaffen?

Zuerst benutzt man die Kutsche, und dann fährt man mit dem Schiff die Donau hinunter bis Linz. Dort gibt es eine große Überraschung für die kleine Braut: Der verliebte Franzi kann es nicht mehr erwarten, seine Braut zu sehen, so empfängt er sie schon in Linz. Der überkorrekte, brave, disziplinierte Franz Joseph so spontan unterwegs – er muß wirklich verrückt nach seiner Sisi sein! Mit dem Raddampfer „Franz Joseph" geht die Fahrt weiter, doch der echte Kaiser fährt jetzt mit der Kutsche der Hochzeitsgesellschaft voraus – er muß die Braut offiziell in Wien begrüßen.

Ein Rosenmeer umgibt die Braut an Bord der „Franz Joseph": Rosen bedecken die Wände des Schiffes bis zum Wasser, eine Rosenlaube an Deck soll der „Rose aus Baierland" Schutz bieten. Klingt das nicht alles furchtbar kitschig, oder vielleicht doch romantisch? Also nüchtern betrachtet, ist es für die Braut der Beginn eines Lebens in Unfreiheit. Das spürt Sisi. Still und in sich gekehrt nimmt sie die Huldigungen der Menschenmassen am Ufer der Donau entgegen, winkt mit dem Taschentuch, lächelt, um die Neugier der Wartenden nicht zu enttäuschen. Keiner arbeitet an diesem Tag, die Kinder haben schulfrei, denn alle haben nur ein Verlangen: „gemma Braut schau'n"! Und wen sehen sie an Bord des Schiffes? Ein furchtbar blasses junges Mädchen, das so gar nicht dem Klischee von einer glücklichen Braut, die sich auf ihre Hochzeit freut, entspricht.

Gefahren anderer Art lauern im Strudengau auf die Kaiserbraut. Ein Strudel an der Engstelle der Donau bei Grein läßt das Schiff auf Grund laufen. Die Hochzeitsgesellschaft kann dem Unglück gerade noch entkommen.

Laut, ja geradezu knallig wird die Kaiserbraut in Wien empfangen: Die Glocken sämtlicher Kirchen von Wien läuten, Kanonendonner kann man vernehmen.

Noch ehe die „Franz Joseph" die Anlegestelle Nußdorf richtig erreicht, hüpft der echte Franz Joseph ganz keck auf das Schiff. Was dann die Zehntausenden Schaulustigen zu sehen bekommen, treibt ihnen Tränen der Rührung in die Augen: Der fesche Kaiser in Marschallsuniform umarmt seine hübsche Braut im rosa Seidenkleid und küßt sie. Ein Bild für Götter!

Es folgt ein richtiges Spektakel: Musik, Jubelrufe, Böllerschüsse, eine Begrüßungsrede, Fähnchen werden geschwungen.

Schloß Schönbrunn, die Sommerresidenz des Kaisers von Österreich.

Anschließend fährt die Hochzeitsgesellschaft nach Schloß Schönbrunn, der Sommerresidenz des Kaisers von Österreich. Hier beginnt der wahrscheinlich unangenehmste Teil der Feierlichkeiten: das elendslange gegenseitige Vorstellen. Die Mitglieder der Familie Habsburg werden den anwesenden Mitgliedern der Familie Wittelsbach vorgestellt. Die Familien sind sehr groß, keiner darf übersehen werden, jeder kommt seinem Rang entsprechend an die Reihe. Anschließend werden die hohen Hofbeamten vorgestellt. Eine furchtbar fade Angelegenheit und doch sehr nervenaufreibend für die kleine Sisi, in ihrer ständigen Angst, etwas falsch zu machen.

Die nächsten Programmpunkte des Zeremoniells: Sisi bekommt ihre Hochzeitsgeschenke, darunter eine kostbare Diamantenkrone, läßt sich am Balkon des Schlosses bejubeln und nimmt an dem Großen Hofgaladiner teil. Den ersten Tag der Feierlichkeiten hat sie somit hinter sich gebracht. Zwar wirkt sie linkisch und schüchtern, sie spürt die skeptischen Blicke der adligen Damen, aber am Ende dieses Tages ist kein Platz für Selbstkritik, Sisis Erschöpfung ist einfach zu groß. Der Gedanke an den nächsten ist ihr auch kein Trost. Sie weiß, es kann nur schlimmer werden: Sie muß sich trotz ihrer Unsicherheit von Hunderten von Augenpaaren beglotzen lassen!

Der 23. April 1854 beginnt für Sisi mit stundenlangem Frisieren, Ankleiden und Schmücken für den feierlichen Einzug in Wien. Müde, kaputt, übernächtigt – vor Aufregung hat sie kaum schlafen können – läßt sie alles widerstandslos über sich ergehen. Was bleibt ihr auch anderes übrig?

Start des Festzuges ist bei der „Favorita", dem ehemaligen Stadtschloß zur Zeit Maria Theresias und heutigen Gymnasium Theresianum, Ziel ist die Hofburg, die künftige Wohnung des Brautpaares. In einer von acht Schimmeln gezogenen prachtvollen gläsernen Kutsche fährt die Kaiserbraut, eingehüllt in ein ebenso prachtvolles silbrig schimmerndes rosa Kleid, gegen Wien.

Doch der äußere Schein trügt: Wer genauer hinsieht, kann in der Kutsche ein völlig verängstigtes, ständig weinendes Häufchen Elend erblicken. Die künftige Kaiserin von Österreich präsentiert sich ihren

Elisabeth fährt gemeinsam mit ihrer Mutter in einer gläsernen Kutsche über die neue Elisabethbrücke.

Untertanen als „Heulsuse". Ihre sie in der Kutsche begleitende Mutter ist auch keine wirkliche Hilfe, denn diese steht dem ganzen Spektakel genauso hilflos gegenüber wie ihre Tochter. Alle Kirchenglocken läuten, und die Menschen am Straßenrand jubeln Elisabeth zu. Im „D'rüberfahren" weiht Sisi noch schnell eine Brücke ein, die Elisabethbrücke über den Wienfluß, und kommt schließlich vor der Hofburg an, wo schon die kaiserliche Familie auf sie wartet. Jetzt nur noch aus der Kutsche aussteigen, ohne zu stürzen! Die tränennassen Augen verschwollen vom vielen Weinen, versucht Sisi ihr weit ausladendes Kleid durch das schmale Kutschentürl zu pressen. Denkt sie gar nicht an die Diamantenkrone auf ihrem Kopf? Nein, natürlich nicht – und schon ist es passiert: Die Krone bleibt am Türrahmen der Kutsche hängen, die kleine Braut stolpert ihrer künftigen Familie entgegen. Ganz schön peinlich! Na, das verheißt ja Schönes für den folgenden Tag, den Hochzeitstag!

15 000 Kerzen erleuchten die Augustinerkirche am Abend des 24. April: *„Alles was der Luxus auf seinem Höhepunkte, vereint mit dem größten Reichthum und wahrhaft kaiserlichem Pomp zu bieten vermag, blendete hier das Auge. Namentlich was das Geschmeide anbelangt, kann man wohl sagen, daß ein Meer von Edelsteinen und Perlen an dem staunenden Blicke der Versammelten vorüberwogte. Besonders schienen die Dia-*

Kardinal Rauscher
überreicht dem
Brautpaar
die Eheringe.

manten in dem Glanze der reichen Beleuchtung sich zu vertausendfachen,
und machten durch ihre Farbenpracht einen magischen Eindruck", berichtet
ein Chronist.

Ganz schön aufgedonnert sind die Damen der Gesellschaft, endlich gibt es eine Gelegenheit, ihre Klunkern vor aller Welt zu zeigen. Nicht
jeder kann sich dieser Pracht die ganze Trauung über erfreuen, denn so
mancher muß wohl zwischendurch eingeschlafen sein: Die Traurede des
Kirchenmannes Rauscher ist weitaus zu lang und furchtbar blumig. Der
redselige Kardinal bekommt deswegen einen Spitznamen verpaßt: Er wird
„Kardinal Plauscher" genannt. Als Elisabeth und Franz Joseph die Eheringe
tauschen, bricht ein Krawall los, so laut, daß man annehmen könnte, ein
Krieg breche aus: Kanonendonner verkündet laut und deutlich: Elisabeth
ist Kaiserin von Österreich. Endlich ist das Trauungszeremoniell zu Ende.

Zurück in der Hofburg, jagt eine Audienz die andere, jede(r) der
Herren und Damen wird der Kaiserin persönlich vorgestellt, unter ihnen
Generäle, Botschafter, Gesandte, deren Frauen, die Damen und Herren des
Hofstaates usw. Unsicher, aber mit viel Geduld fügt sich Elisabeth dem
Hofzeremoniell. Urplötzlich packt sie die Angst: Die vielen unbekannten
Gesichter im Audienzsaal, die Damen in ihren herrlichen Roben, die nur auf
die Ehre warten, der Kaiserin die Hand küssen zu dürfen – ihr, der kleinen

Kaiserin, die sich so furchtbar unbedeutend vorkommt – , versetzen Sisi in Panik. Sie hat nur einen Gedanken: Flucht! Tatsächlich flüchtet Sisi aus dem Audienzsaal in einen Nebenraum, wo sie ihren Tränen freien Lauf lassen kann. Die Damen sind perplex, sie tuscheln über das eigenartige Verhalten der Kaiserin.

Als diese verheult und noch unsicherer als zuvor wieder auftaucht, beginnt der „Cercle", der Empfang. Das schüchterne Mädchen traut sich nicht, wie im Protokoll vorgeschrieben, die Damen als erste anzusprechen. Die Folge ist betretenes Schweigen, Stille, alle warten auf ein erlösendes Wort der Kaiserin. Endlich fordert die Obersthofmeisterin der Kaiserin, Gräfin Esterházy, die Damen auf, von sich aus ein paar Worte an Elisabeth zu richten. Der Bann ist gebrochen. Doch plötzlich entdeckt Elisabeth unter den vielen unbekannten Menschen zwei vertraute Gesichter: ihre Cousinen Adelgunde und Hildegard. Überglücklich macht sie Anstalten, die beiden zu umarmen, als sie fassungslose Blicke auf sich gerichtet spürt. Wieder einen Fehler gemacht! Ihr Einwand, daß sie doch Cousinen seien, läßt ihre Schwiegermutter nicht gelten: Laut Protokoll müssen auch diese die Hand der Kaiserin küssen.

Abends läßt sich das kaiserliche Paar vom Volk in der festlich beleuchteten Stadt, die einem einzigen Ballsaal gleicht, bejubeln. Ein Diner setzt den Schlußpunkt des Hochzeitstages.

Schlußpunkt des Hochzeitstages? Nicht für die Braut, auf sie wartet noch eine „Aufgabe". Was Sisi in der Hochzeitsnacht erwartet, davon hat sie höchstwahrscheinlich keine Ahnung. Sie geht jungfräulich und unaufgeklärt in die Ehe. Sex ist tabu, darüber spricht man nicht. Das gilt nur für Frauen, Männer machen natürlich ihre sexuellen Erfahrungen vor der Ehe, so auch Franz Joseph. Nach diesem Wahnsinnstag ist Sisi völlig ausgepowert.

Die große Cour in der Wiener Hofburg nach der Vermählung. Das Kaiserpaar hält, unter einem Baldachin stehend, hof. Die Damen und Herren des Hofes werden der jungen, schüchternen Kaiserin vorgestellt.

Ihre Schwiegermutter berichtet:

„Louise (Ludovika) *und ich führten die junge Braut in ihre Räume. Ich ließ sie mit ihrer Mutter und blieb im kleinen Zimmer neben dem Schlafzimmer, bis sie im Bett war. Ich holte dann meinen Sohn und führte ihn zu seiner jungen Frau, die ich noch sah, um ihr eine gute Nacht zu wünschen. Sie versteckte ihr hübsches, von einer Fülle schönem Haar umflossenes Gesicht in ihrem Kopfpolster, wie ein erschreckter Vogel sich in seinem Nest versteckt."*

Einem verschreckten Vogel also gleicht sie, der nur eines im Sinn hat: sich zu verkriechen, in Ruhe gelassen zu werden. Und doch hat Sisi Glück: Nur ihre Mutter und ihre Schwiegermutter bringen das Ehepaar zu Bett. Das ist unüblich. Normalerweise ist der gesamte Hofstaat anwesend. Doch das hätte die kleine Kaiserin wohl nicht mehr verkraftet.

Franz ist gnädig, er verschont Sisi in dieser ersten Nacht. Zum Frühstück erscheinen ganz zufällig auch Sophie und Ludovika. Franz Joseph wird von seiner Mutter ganz unverhohlen ausgefratschelt. Zu Hofe rätselt man: Haben sie nun miteinander geschlafen oder vielleicht doch noch nicht? Bald wissen alle Bescheid. In der zweiten Nacht – wieder nichts. Der Druck auf Sisi wird stärker. In der dritten Nacht passiert es. Für Sisi ist es ein Schockerlebnis. Am Morgen danach möchte sie alleine bleiben. Sie will sich nicht beim Familienfrühstück neugierigen Blicken aussetzen. Ohne Erfolg! Ihr Mann ist ein braver Bub, der seiner Mama bedingungslos gehorcht: Sisi muß daran teilnehmen. Es läßt sich nur erahnen, wie qualvoll dieser Morgen mit der gesamten Familie für Sisi ist. Ihre Schwiegermutter erkundigt sich ganz genau über „das große Ereignis", während die Schwiegertochter vor Scham im Erdboden versinkt ...

Auf dem Hofball wiederholt sich das entwürdigende Schauspiel im großen Rahmen: Alle wissen „es" und registrieren sensationsgierig jede Veränderung im Verhalten der Kaiserin. Hundsmiserabel fühlt sie sich dabei, und doch erscheint sie wie eine Märchenprinzessin: In ihrem weißen Kleid, mit einem Diadem und weißen Rosen im Haar und dem Brillantgürtel um die Wespentaille, sitzt sie mit dem Kaiser unter einem samtenen roten Baldachin. Wie sich die Kaiserin fühlt, kümmert niemanden, solange sie ihre Rolle gut spielt.

Ein einziges Ereignis der Hochzeits-Festwoche ist ganz nach Sisis Geschmack: eine Galavorstellung des Zirkus Renz im Prater. Vor allem die herrlichen Pferde haben es ihr angetan. Mit Begeisterung verfolgt sie die Kunststücke der Dressurreiter, die in historischen Kostümen auftreten. Sie erinnern Sisi an ihren Vater, der dem Hochzeitsspektakel fernbleibt. Er weiß schon, warum! Wie ihr Vater haßt es auch Sisi, daß jede Lebensregung am Wiener Hof genauen Gesetzen, dem sogenannten Spanischen Hofzeremoniell, unterliegt. Ihrem natürlichen Wesen widerstrebt es, eine Marionette zu sein. So fällt es ihr ungeheuer schwer, sich anzupassen, da viele Vorschriften in ihren Augen dumm und sinnlos sind.

Gemütlich ist ihr neues Zuhause auch nicht gerade, weder die Hofburg noch das Schloß Schönbrunn. Es gibt keine Wassertoiletten und keine Badezimmer mit Fließwasser – diese werden erst auf Anregung der Kaiserin etwa 20 Jahre später eingebaut. Leibstühle, tragbare Toiletten, dienen den kleinen und großen Nöten der kaiserlichen Familie. Die Behälter mit ihrem übelriechenden Inhalt müssen von Bediensteten quer durch alle Zimmer getragen werden, um endgültig entsorgt zu werden.

Noch sind Mutter und Geschwister in ihrer Nähe, die beruhigend auf sie einwirken. Vor allem bei Nené kann sie ihr Herz ausschütten. Auf daß nur ja niemand ihre Gespräche belauschen kann, bedienen sich die Schwestern einer Geheimsprache: Sie sprechen Englisch miteinander. Eine Sprache, die am Hofe kaum verstanden wird.

Die Geschwister und die Mutter fahren nach Bayern zurück, das Eheleben beginnt ...

Die k. k. Majestäten
Franz Joseph I u. Elisabeth

Kaiser Franz Joseph zeigt seiner jungen Ehefrau ihre neue Heimat Wien. Im Hintergrund kann man das Schloß Schönbrunn, den Kahlenberg, den Leopoldsberg und den Stephansdom erkennen. So soll sich der Bürger das glückliche Kaiserpaar vorstellen.

LANGEWEILE IM GOLDENEN KÄFIG

Die Flitterwochen verbringt Elisabeth auf Schloß Laxenburg. Alleine? Nein, alleine ist Sisi nun nie mehr. Aber einsam ist sie doch. Denn der Kaiser fährt tagtäglich in der Früh nach Wien und kehrt erst abends um 18 Uhr zurück. Was macht Sisi in der Zwischenzeit? Sie langweilt sich – und sie wird von ihrer Schwiegermutter dressiert.

Erzherzogin Sophie ist eine starke Frau. Das muß sie auch sein. Als die Ehefrau eines schwachen, geistig minderbemittelten Mannes und Mutter von vier Söhnen lernt sie rasch, auf eigenen Beinen zu stehen. Sie wird lange Zeit als „der einzige Mann" am Kaiserhof bezeichnet. Als der kranke, kinderlose Bruder ihres Mannes während der Revolution von 1848 als Kaiser abdankt, beschließt sie, ihren ältesten Sohn und nicht ihren Mann zum Kaiser zu machen. Ihren Franzl erzieht sie zu einem Kaiser, der sich als von Gott eingesetzt fühlt, der glaubt, völlig alleine regieren zu müssen – völlig alleine, nein, vielleicht doch nicht, er hat ja seine Mama, die ihn unterstützt. Die Minister haben nicht viel zu plaudern, denn die Entscheidungen trifft ausschließlich der Kaiser ... , naja, wie schon gesagt, die Mama hat noch ein Wörtchen mitzureden. Ihren Sohn hat Sophie gut dressiert: Er ist ein außerordentlich pflichtbewußter, gehorsamer junger Mann, der tagtäglich in seinem Arbeitszimmer Akten wälzt und sich nicht einmal arbeitsfreie Flitterwochen gönnt. Für ihn ist es ganz normal, stundenlang zu repräsentieren, einen bis ins kleinste Detail verplanten Tagesablauf zu haben.

Doch zurück zu Sisi. Nun soll sie nach den Vorstellungen ihrer Schwiegermutter leben. Ihr ist, als stecke sie in einem zu engen Korsett. Sie muß lernen, sich an die strengen Regeln des Hoflebens zu halten. Sie fühlt sich von ihrer Schwiegermutter ständig gemaßregelt oder von Hofdamen bespitzelt. Unglücklich mit ihrem neuen Leben und krank vor Heimweh, schreibt sie melancholische Gedichte. Um wieviel schöner doch ist ihr Leben vor ihrer Verlobung gewesen ...

> Oh, daß ich nie den Pfad verlassen,
> Der mich zur Freiheit hätt' geführt.
> Oh, daß ich auf der breiten Straßen
> Der Eitelkeit mich nie verirrt!
>
> Ich bin erwacht in einem Kerker,
> Und Fesseln sind an meiner Hand.
> Und meine Sehnsucht immer stärker –
> Und Freiheit! Du, mir abgewandt!
>
> Ich bin erwacht aus einem Rausche,
> Der meinen Geist gefangenhielt,
> Und fluche fruchtlos diesem Tausche,
> Bei dem ich Freiheit! Dich – verspielt.

Was sind die Anlässe für den ständigen Kleinkrieg zwischen Sisi und ihrer Schwiegermutter? Kleinigkeiten! Sisi weigert sich, ihre Eintagesschuhe zu verschenken, oder sie begleitet ihren Mann nach Wien in der Hoffnung, ihre Schwiegermutter einen Tag lang nicht zu sehen. Jede Abweichung von den strengen Regeln wird kritisiert. Keiner hinterfragt, ob diese Regeln auch einen Sinn ergeben: Es war immer so, also bleibt es auch in Zukunft so. Die Kaiserin fühlt sich wie ein kleines Schulmädchen behandelt. Sie wird depressiv, bekommt Hustenanfälle und hat Angst vor engen Räumen – Klaustrophobie. Es wird ihr tatsächlich zu eng in der Familie Habsburg. Sie hat niemanden, dem sie sich öffnen darf, dem sie ihr Herz ausschütten kann. Ihre hohe Stellung verlangt Distanz zu anderen Menschen. Die Sehnsucht nach der Geborgenheit in ihrer Familie in Bayern wird wieder größer. Merkt Franzl, wie schlecht es seiner Frau geht? Nein, ihm geht es ja gut. Das hübsche junge Mädchen, in das er sich in Ischl verliebt hat, ist nun seine Frau. Sonst hat sich an seinem Leben nicht viel verändert. Doch Sisis Sehnsucht nach ihrer ersten, tragischen Liebe verweist auf nicht gerade glückliche Flitterwochen – ihrerseits, wohlgemerkt.

> Nur einmal konnt ich wahrhaft lieben
> Es war das erstemal.
> Nichts konnte meine Wonne trüben
> Bis Gott mein Glück mir stahl ...

> Nur kurz warn diese schönsten Stunden,
> Nur kurz die schönste Zeit.
> Nun ist mein Hoffen all entschwunden,
> Ihn geb ich nicht in Ewigkeit.

Nach Böhmen und Mähren führt die erste gemeinsame Reise des Ehepaares. Elisabeth besichtigt als Landesmutter unter anderem Schulen, Waisenhäuser und ein Irrenhaus. Sie begleitet Franz bei seiner Lieblingsbeschäftigung, dem Abnehmen von Militärparaden hoch zu Roß, und besucht mit ihm gemeinsam den abgedankten Kaiser Ferdinand, den schwerkranken Onkel und Vorgänger auf dem Thron.

Zurück in Wien, muß Sisi an der Fronleichnamsprozession teilnehmen. Der besonderen Bindung des Kaiserhauses an die katholische Kirche wird auf äußerst prunkvolle Art und Weise Ausdruck verliehen. Elisabeth ist der Star des religiösen Spektakels. Das ist auch ihre einzige Aufgabe: prächtigst gekleidet und geschmückt Werbung für das Kaisertum zu machen. Mit welchen politischen Problemen sich der Kaiser tatsächlich herumschlägt, wird Sisi allerdings nicht vermittelt.

Die Orientkrise, der Krimkrieg, die Haltung gegenüber Rußland: Probleme über Probleme für den Kaiser. All das bespricht Franz Joseph nur mit seiner Mutter. Sisi reagiert eifersüchtig. Für seine Mutter hat Franz Zeit, für sie nicht. Bemerkt Franz überhaupt, wie schwer es seiner Frau fällt, sich in Wien einzugewöhnen? Nein, er schwärmt nur von seinem *„vollkommenen häuslichen Glück".*

Was soll Elisabeth noch lernen, um eine „perfekte" Kaiserin zu werden? Sie lernt Tanzen, Fremdsprachen, allen voran Tschechisch – und wortgewaltig nichts zu sagen, also Konversation zu machen.

Elisabeth ist ohne wirkliche Aufgabe, unterbeschäftigt und noch sehr kindlich. So verbringt sie viel Zeit mit Reiten und befaßt sich mit ihren Papageien. Beides muß sie sehr bald aufgeben: Sisi ist schwanger. Ein 16jähriges halbes Kind bekommt ein Kind. Sophie behauptet, das Aussehen des Kindes könnte dem eines Papageien ähnlich werden bei all der Aufmerksamkeit, die Sisi den Vögeln schenkt. Im Klartext bedeutet dies, die Papageien müssen weg. Faßt Sisi Vertrauen zu jemandem in ihrer Umgebung, etwa zu ihrem Obersthofmeister Fürst Lobkowitz – er steht dem Hofstaat der Kaiserin vor –, wird dieser urplötzlich ausgetauscht. Kein Wunder, daß sich Sisi schön langsam von ihrer Schwiegermutter verfolgt fühlt. Sophie behandelt Sisi wie ein kleines Tschapperl, dem man Befehle erteilt, ohne zu erklären, warum man diese für sinnvoll hält. Sie will eine Kaiserin nach ihren Vorstellungen „basteln" und denkt sich nichts Schlechtes dabei. Was Sisi an Intelligenz, Charme und menschlicher Wärme einbringen könnte, steht nicht zur Debatte. Schön sein, brav repräsentieren und ein Kind nach dem anderen zu Welt bringen – darin sieht Sisis Schwiegermutter die Aufgaben einer Kaiserin ...

Den Sommer verbringt Sisi in Ischl. Auch ihre bayerische Familie hat sich angesagt: *„Kaiserin Elisabeth, Ischl. Eintreffe mit Spatz und Gackel. Mimi"*, lautet das Telegramm. Dennoch warten Mathilde, Carl Theodor und Herzogin Ludovika vergeblich auf einen Hofwagen, der sie zur Kaiservilla bringen soll. Statt dessen werden sie von einem Diener des Hotels „Elisabeth", der seltsamerweise Vogelkäfige in seinen Händen hält, erwartet. Im Hotel „Elisabeth", wohin das Telegramm irrtümlich gesendet wurde, erwartet man eine gewisse Mimi mit ihren zwei Vögeln: Spatz und Gackel. Die unfreiwillige Überraschung ist geglückt. Im nicht gerade noblen Wagen des Hotels fahren die drei vor der Kaiservilla vor.

Die Schwangerschaft macht der Kaiserin schwer zu schaffen: Übelkeit und Kopfschmerzen peinigen sie. Um so unangenehmer ist es für Sisi, ihren dicken Bauch in der Öffentlichkeit zu zeigen. Alle sollen laut Sophie sehen, daß Sisi wirklich schwanger ist. Noch ehe das Kind auf der Welt ist, stellt die Schwiegermutter die entscheidenden Weichen für seine Erziehung. Die „Aja", die Erzieherin, und die Kinderfrau werden von ihr ausgesucht, und die Kindskammer wird neben ihrer Wohnung eingerichtet. Nur in ihrer Gegenwart soll Sisi ihr Kind sehen können. Natürlich ist die 16jährige Kaiserin noch ein halbes Kind und bedarf der Unterstützung, doch eigentlich geht es um etwas ganz anderes: Sisi ist als eigenständige Person nicht gefragt, sondern nur ihre Fähigkeit, Nachkommen für das Haus Habsburg zu gebären und mit ihrer Schönheit Werbung zu machen für eben dieses Haus. Punktum! Doch auch in Wiens adliger Gesellschaft hat Sisi einen schweren Stand: Sie ist zwar intelligent, belesen und charmant, hat aber keinen lupenreinen Stammbaum vorzuweisen, ist keine exzellente Tänzerin und benimmt sich in der Welt des Hofes etwas tapsig. Das genügt, um sie zur Außenseiterin zu stempeln.

All diese Probleme können die Beziehung zwischen Sisi und Franz zunächst nicht trüben. In den ersten Ehejahren sind die beiden sehr glücklich miteinander. Ein Jahr nach der Hochzeit kommt eine Tochter, Sophie – benannt nach ihrer Großmutter –, zur Welt. Franz Joseph und seine Mutter unterstützen Sisi während der Geburt, nicht anwesend ist Sisis Mutter Ludovika. Von vornherein ist klar, wer in der kleinen Familie das Sagen hat: Erzherzogin Sophie. Sisi ist jung und unsicher, der Kaiser brav und gehorsam, Wachs in den Händen seiner Mutter.

Ein Jahr später kommt das zweite Kind zur Welt: Gisela, also wieder ein Mädchen! Die Enttäuschung ist riesig, denn alle warten natürlich auf den Thronfolger. Ludovika ist wieder nicht dabei. Will sie Sisis

Heimweh nicht verstärken, Sophies Eifersucht nicht schüren, oder gibt es gar Streit? Das Getratsche am Hofe bekommt neue Nahrung. In den ersten Wochen hat die Kaiserin ihre Kinder bei sich, doch dann übersiedeln sie in die Kindskammer. Über eine Wendeltreppe gelangt sie von ihrer Wohnung in die Räume ihrer Schwiegermutter, wo sich auch die Kinderzimmer befinden. Möchte Sisi ihre Kinder sehen, muß sie sich anmelden, und alleine kann sie sie überhaupt nicht mehr sehen. Doch so ganz will sich Sisi nicht geschlagen geben: Sie nimmt den Kampf um die Kinder auf, sie erklärt ihrer Schwiegermutter gleichsam den Krieg. Älter und auch selbstbewußter ist sie geworden, ihrer Schwiegermutter ist sie offensichtlich über den Kopf gewachsen. Sie erkennt, daß sie eine äußerst wirksame Waffe besitzt: Ihr Mann ist schrecklich verliebt in sie, und er schafft es nicht, seiner Frau auch nur einen Wunsch abzuschlagen.

Eine Reise des Kaiserpaares durch die Steiermark und Kärnten bringt die Wende. Kaiserin und Kaiser in Tracht machen Furore: Franz Joseph trägt sogar eine Lederhose und einen Trachtenhut mit Gamsbart anstatt einer Uniform. Die ungewöhnliche Kleidung überträgt sich auf seine Stimmung: Locker und guter Dinge ist der sonst so pflichtbewußte Kaiser. Der Wiener Hof ist weit weg und mit ihm Erzherzogin Sophie. Fast könnte man meinen, die beiden befänden sich in den Flitterwochen. Sisi kann ihren Mann davon überzeugen, daß die Kinderzimmer in ihre Nähe verlegt werden sollen. Als sich seine Mutter dagegen wehrt, geschieht etwas ganz Außergewöhnliches: Der brave, dankbare Sohn weist seine Mutter zurecht. *„Ich bitte Sie jedoch inständig, Sisi nachsichtig zu beurteilen, wenn sie vielleicht eine zu eifersüchtige Mutter ist, – sie ist ja doch so eine hingebende Gattin und Mutter! Wenn Sie die Gnade haben, die Sache ruhig zu überlegen, so werden Sie vielleicht unser peinliches Gefühl begreifen, unsere Kinder ganz in Ihrer Wohnung eingeschlossen mit fast gemeinschaftlichem Vorzimmer zu sehen, während die arme Sisi mit ihrem oft so schweren Volumen die Stiegen hinaufkeuchen muß, um dann selten die Kinder allein zu finden, ja auch Fremde bei denselben zu sehen, denen Sie*

die Gnade hatten die Kinder zu zeigen, was besonders mir auch noch die
wenigen Augenblicke verkürzte, die ich Zeit hatte bei den Kindern zuzubrin-
gen, abgesehen davon, daß das Produzieren und dadurch Eitelmachen der
Kinder mir ein Greuel ist; worin ich übrigens vielleicht Unrecht habe. Übri-
gens fällt es Sisi gar nicht ein, Ihnen die Kinder entziehen zu wollen, und sie
hat mir eigens aufgetragen Ihnen zu schreiben, daß dieselben immer zu
Ihrer Disposition sein werden", schreibt er an sie. Elisabeth hat einen Etap-
pensieg errungen.

Weitere Reisen, nach Norditalien und nach Ungarn, stehen für
das Kaiserpaar auf dem Programm.

Diese Reisen sind nicht gerade ungefährlich, jedenfalls aber sehr
unangenehm für das Kaiserpaar. Doch Elisabeth nimmt trotzdem gerne
daran teil. Die Gefahr stört sie nicht; sie ist fern vom Wiener Hof, das
genügt für ihr Wohlbefinden. Sie setzt auch durch, daß ihre ältere Tochter
Sophie sie auf ihrer Italien-Reise begleitet und nach Ungarn sogar beide
Kinder, Sophie und Gisela, mitfahren dürfen – gegen den Widerstand ihrer
Schwiegermutter, versteht sich.

Lombardei und Venetien stehen zwar unter österreichischer
Herrschaft, beide norditalienischen Provinzen wollen sich jedoch an ein
vereinigtes Italien anschließen. Im Klartext: Sie wollen weg von Österreich!
Die Stimmung beim Besuch des Kaiserpaares ist deshalb mehr als frostig.
Keine Jubelrufe, keine Begeisterungsstürme, sondern peinliche Stille
herrscht bei ihrem Erscheinen, etwa auf dem Markusplatz in Venedig.
Die Hurra-Rufe der österreichischen Soldaten wirken kläglich. Die Bevölkerung zeigt offen ihre tiefe Verachtung gegenüber dem österreichischen
Kaiserhaus, wenngleich ihre Neugier auch groß ist: Die Menschen wollen
die wunderschöne Kaiserin sehen. Der Adel glänzt bei den Empfängen
durch Abwesenheit und brüskiert auf seine Art das Kaiserpaar. Zu einer
Galavorführung in der Mailänder Oper schicken die Adligen ihre Dienstbo-
ten. Die Gefahr eines Attentats auf den Kaiser und seine Frau ist bedenk-
lich groß. Die Lage entspannt sich, als der Kaiser die Beschlagnahmung des

Besitzes von politischen Flüchtlingen aufhebt. Politische Gefangene aus der Revolutionszeit werden aus den Gefängnissen entlassen.

Das nächste Sorgenkind ist Ungarn. Der Kaiser hat die alte Verfassung, die Sonderrechte der Ungarn, aufgehoben. Das verzeiht man ihm nicht so schnell. Franz Joseph wird mit gesundem Mißtrauen betrachtet. Zwischen Elisabeth und den Ungarn aber ist es Liebe auf den ersten Blick. Angesichts der stolzen ungarischen Adligen läßt sich Elisabeth dazu verführen, an einem Hofball teilzunehmen. Tritt die Kaiserin hoch zu Roß in der Öffentlichkeit auf, schmelzen die Herzen der Ungarn dahin. Ein bißchen etwas von ihrer Zuneigung fällt dann sogar auf den Kaiser ab. Wie in Italien lockert der Kaiser im Gegenzug strenge Verordnungen aus der Revolutionszeit. Ihre Hoffnungen auf weitreichende Veränderungen setzen die Ungarn aber nur in Elisabeth. In Ungarn wird die Kaiserin akzeptiert, geschätzt, ja sogar geliebt und nicht nur als schönes Dummerl betrachtet. Die Reise nach Ungarn scheint für Elisabeth ein voller Erfolg zu werden, doch gerade im Augenblick des Triumphes trifft sie ein schwerer Schicksalsschlag: Ihre zweijährige Tochter Sophie stirbt. Schon in Wien leidet die Kleine an Durchfall und Fieber. In Ungarn erkrankt schließlich auch ihre jüngere Schwester Gisela. Ein Krankheitsrückfall bedeutet für die kleine Sophie das Todesurteil. Die Ärzte beschwichtigen die Eltern, doch plötzlich verschlechtert sich der Zustand der Kleinen dramatisch. Der Todeskampf des Kindes dauert elf Stunden. Elf Stunden sitzt Elisabeth hilflos am Bett ihrer sterbenden Tochter, dann ist es ausgestanden. Franz Joseph telegraphiert seiner Mutter: *„Unsere Kleine ist ein Engel im Himmel. Nach langem Kampfe ist sie zuletzt ruhig um ¹/₂ 10 Uhr verschieden. Wir sind vernichtet."*

Elisabeth leidet unsäglich. Sie erliegt völlig ihrem Kummer, untröstlich ist sie. Die Kaiserin zieht sich zurück, meidet die Gesellschaft anderer, weint andauernd, weigert sich, zu essen. Ihr Kummer versetzt sie in einen erbarmungswürdigen Zustand: Blaß, mit eingefallenen Wangen, abgemagert bis auf die Knochen bietet sie einen erschreckenden Anblick. Ist der Verlust des geliebten Kindes kaum zu ertragen, so wiegen die Schuldgefühle, die sie plagen, unendlich schwerer. Keiner macht ihr einen Vorwurf, auch nicht ihre Schwiegermutter, die gegen die Reise der Kinder war. Ihre Schuldgefühle machen sie müde, viel zu müde, einen neuerlichen Kampf um ihre zweite Tochter anzustreben. Die Kleine bleibt in der Obhut ihrer Großmutter. Bald ist Elisabeth wieder schwanger.

Als ihre Schwestern Helene und Marie verheiratet werden sollen, betätigt sich die Kaiserin mit großem Erfolg als Vermittlerin. Während Helene mit ihren 22 Jahren schon als alte Jungfer gilt, hat Marie, die wunderschöne jüngere Schwester der Kaiserin, ein anderes Problem: Sie hat mit ihren 16 Jahren noch keine Regelblutung. Da man sie aber so wunderbar mit dem Kronprinzen von Neapel verkuppeln könnte, muß etwas unternommen werden. Was tun, guter Rat ist teuer! Teuer sind auch die Ärzte, die Marie mit den verrücktesten Methoden quälen: Man setzt dem armen Mädchen Blutegel an! Marie wird mit dem Kronprinzen per procuram verheiratet, das heißt, sie heiratet, ohne ihren Bräutigam je gesehen zu haben. Bei der Eheschließung ist der Bräutigam nicht anwesend, er wird vertreten. Die Vorstellung, jemanden heiraten zu müssen, den sie nicht kennt, bereitet Marie Kopfzerbrechen. Die große Schwester aus Wien wird eingeschaltet. Diese streckt ihre Fühler aus, doch was sie über den Bräutigam erfährt, ist nicht gerade ermutigend für eine romantische junge Frau ...

Am 21. August 1858 geht ein Stoßseufzer durchs Land. Der Kronprinz ist da! Der Kaiser ist erleichtert: Die Erbfolge ist gesichert. In seiner übergroßen Freude spielt er Christkind: Seine Frau wird mit einer kostbaren dreireihigen Perlenkette belohnt, dem Volk sind reiche Spenden gewiß, und die Hauptperson, Kronprinz Rudolf in der Wiege, soll auch nicht leer ausgehen. Was wird der Kaiser seinem Sohn wohl schenken? Golddukaten, ein Ketterl oder vielleicht kostbares Spielzeug? Franz Joseph ist Soldat vom Scheitel bis zur Sohle: Er legt seinem Sohn einen Orden in sein Bettchen. Nicht irgendeinen Orden, versteht sich, sondern den Orden des

Goldenen Vlieses, den höchsten Orden der Monarchie, und er befördert seinen Sohn zum Oberst der Armee. Über die Wiege des Kronprinzen hinweg wird entschieden: Rudolf wird einmal Soldat, ob er will oder nicht.

Die schwierige Geburt des Kronprinzen zieht langwierige Leiden seiner Mutter nach sich. Elisabeth darf ihr Baby nicht stillen, eine Amme wird von Erzherzogin Sophie dafür eingestellt. Die Folgen für Elisabeth sind sehr unangenehm: Sie leidet natürlich an hohem Fieber, an Milchandrang, Milchstau in der Brust, hat keinen Appetit und fühlt sich sehr schwach. Der rettende Engel kommt wie so oft aus Bayern, in Maries Gestalt. Das arme Mädchen ist auf der Hochzeitsreise nach Neapel – alleine! In Wien macht es bei seiner Schwester Station. Im Nu geht es Sisi besser. Sie genießt es, ihre Marie bei sich zu haben, und verwöhnt sie nach Leibeskräften. Gemeinsam besuchen sie den Zirkus Renz und das Burgtheater oder tratschen ausgiebig. Die ältere, erfahrene Schwester erteilt Marie auch Aufklärungsunterricht. Elisabeth sorgt dafür, daß Marie nicht genauso unaufgeklärt und naiv in die Ehe geht wie sie: Für die jüngere Schwester soll es kein böses Erwachen im Ehebett geben. Doch das ist verlorene Liebesmüh'. Die schöne Marie wird Kronprinzessin, nach einigen Monaten sogar Königin von Neapel-Sizilien – eines Landes, in dem sich eine Revolution anbahnt – und Ehefrau eines nicht nur häßlichen, sondern auch schwächlichen, fast krankhaft religiösen Mannes, der aus körperlichen Gründen überhaupt nicht in der Lage ist, die Ehe zu vollziehen. Aber der Kronprinz von Neapel-Sizilien gilt dennoch als „große Partie", auf die Gefühle der Braut nimmt nicht einmal ihre Mutter Rücksicht. Daß gerade Erzherzogin Ludovika, die ebenfalls zur Ehe gezwungen wurde und unsäglich unter der Lieblosigkeit ihres Ehemannes leidet, ihren Töchtern nicht ein ähnliches Schicksal ersparen will, ja, das ist und bleibt ein Rätsel!

Die Herrscher von Neapel-Sizilien und Österreich haben denselben Feind: das Königreich Piemont-Sardinien, das alle Teile „Italiens" vereinigen möchte. Es schürt auch in den österreichischen Provinzen Wider-

Elisabeth mit ihren Kindern Gisela und dem kleinen Rudolf auf dem Arm in Laxenburg. Das Bild an der Wand zeigt die verstorbene Tochter Sophie.

stand gegen den Kaiser. Franz Joseph will die Lombardei und Venetien nicht verlieren und erklärt 1859 Piemont-Sardinien den Krieg. Damit tritt er eine Lawine los: Frankreich unterstützt Piemont-Sardinien, Rußland ist seit dem Krimkrieg mit Österreich verfeindet, Preußen hält sich raus – und Österreich steht alleine da. Um seine Soldaten moralisch zu unterstützen, zieht auch der Kaiser in den Krieg. Am Bahnhof verabschiedet sich Franz Joseph von seinen Kindern. Eine Vielzahl von Menschen beobachtet die rührende Szene, so mancher kann sich kaum beherrschen: *„Auch drängten sich manche weinende Frauen an's Fenster, welche hineinriefen ‚die armen Kinder', so daß es den armen Kleinen schon ganz unheimlich wurde"*, erzählt Leopoldine Nischer, die Kinderfrau von Gisela und Rudolf. Die Angst um ihren Mann raubt Elisabeth nahezu den Verstand. Bald stellt sich das altbekannte Krankheitsbild ein: Sisi weint unaufhörlich, ißt fast nichts und reitet stundenlang. In den Briefen an ihre Mutter in Bayern finden sich reichlich Spuren ihrer Tränen. Ihre Angst überträgt sich auch auf ihre Kinder, und das Verhältnis zu ihrer Schwiegermutter wird eisig. Am Hof wird Kritik laut: Elisabeth versage als Kaiserin, Mutter und Ehefrau, heißt es. Doch noch jemand scheint zu versagen: Franz Joseph. Der unerfahrene Kaiser übernimmt den Oberbefehl in Oberitalien und besiegelt mit der blutigen Schlacht von Solferino die Niederlage Österreichs: Die Lombardei geht dem Haus Habsburg verloren, Zehntausende Menschen aber verlieren ihr Leben. Die Bevölkerung verarmt. Die Beliebtheit des Kaisers ist am Tiefpunkt. *„Arroganter Junge"* oder *„jämmerlicher Schwächling"* wird er in ausländischen Zeitungen genannt.

Elisabeth gibt sich diesmal nicht mit der Rolle des uninformierten schönen, aber dummen Frauchens zufrieden: Sie liest Zeitungen, vor allem liberale, fortschrittliche Zeitungen. Und sie läßt sich auch von deren politischer Einstellung beeinflussen: Immer weniger hält sie von der absolutistischen Regierungsform ihres Mannes, bei der der Kaiser alle Macht in seinen Händen hält. Die Ansichten ihres fast „demokratischen" Vaters scheinen immer wieder in ihrem Kopf herumzuspuken, und vielleicht erinnert sie sich gerade jetzt an die gemütlichen Geschichtsstunden in „Possi", als ihr Lehrer die Vorzüge der Republik pries. Zum ersten Mal versucht sie, auf die politische Entscheidung des Kaisers Einfluß zu nehmen: Sie rät ihm, Frieden zu schließen; außerdem richtet sie Krankenhäuser für die Kriegsverwundeten ein. Zurück aus dem Krieg, bespricht der Kaiser politische Probleme ausschließlich mit seiner Mutter, Elisabeths Meinung ist nicht gefragt. Und Probleme gibt es zur Genüge: Alles im Staat wird „über den Haufen geworfen". Minister werden ausgetauscht. Der teure Krieg hat die Staatsfinanzen ruiniert. Der Kaiser ist unpopulär wie nie zuvor. Die Beziehung Elisabeths zu ihrer Schwiegermutter wird dadurch noch ein bißchen schwieriger, sofern das überhaupt noch möglich ist! Die 22jährige Kaiserin wird behandelt wie ein kleines Kind. Und doch ist es gerade die Kaiserin, die bemerkt, daß viele falsche Entscheidungen des Kaisers auf Sophies „Mist" gewachsen sind. Der verlorene Krieg, das Chaos im Staat und die ständigen Streitereien zwischen seiner Mutter und seiner Frau sind dem Kaiser einfach zu viel. Er steigt aus, jedoch nur für sehr kurze Zeit, und flüchtet geradewegs in die Arme anderer Frauen. Am Hofe bleibt ein Geheimnis nicht lange geheim. Bald tauchen pikante Gerüchte auf, und wie der „Zufall" so spielt, erfährt auch die Kaiserin von den Liebschaften ihres Mannes ...

Die kaiserliche Familie im Jahre 1859: Elisabeth mit ihren Kindern Rudolf und Gisela, ihre Schwiegereltern Sophie und Franz Carl; dahinter stehend von links: Franz Joseph und seine Brüder: Ferdinand Maximilian mit seiner Frau Charlotte, Ludwig Viktor und Carl Ludwig. Es ist dies das einzige Photo, das Elisabeth gemeinsam mit ihren Kindern zeigt.

Die kranke, unglückliche 24jährige Kaiserin.

DIE FLUCHT.
AUS SISI WIRD ELISABETH

Wie reagiert Sisi auf die Untreue ihres Mannes? Sie antwortet auf eine für sie ungewöhnliche Art und Weise: Sie rächt sich! Nein, sie nimmt sich natürlich keinen Liebhaber. Dieses Vorrecht haben nur Männer. Aber sie holt ein Stückchen Jugend nach, indem sie urplötzlich ganz verrückt nach Bällen, nach Tanzen ist. Wenn man bedenkt, daß Sisi schon mit 16 Jahren heiratet und mit siebzehn ihr erstes Kind bekommt, ist es klar, daß bei ihr ein Nachholbedarf besteht. Wie ein pubertierendes Mädchen beginnt sie ihre Umgebung zu provozieren. Wenn sie schon nicht ernst genommen, sondern wie ein kleines Kind behandelt wird, na dann benimmt sie sich eben auch dementsprechend.

Sie veranstaltet in ihrer Wohnung sogenannte Waisenbälle, frei nach dem Motto: „Mamas bleiben draußen." Sie lädt junge Leute aus der besten Gesellschaft ein, nicht jedoch die Mütter, „die Anstandswauwaus" der jungen Damen. Die Bälle sind sehr beliebt. Der Skandal bleibt nicht aus. Die Provokation gelingt perfekt, denn auch Tante Sophie darf an diesen speziellen Veranstaltungen nicht teilnehmen. Sisi entdeckt die Lust am Provozieren! Auch entpuppt sie sich als Nachtschwärmerin, die mit Begeisterung verschiedenste Privatbälle besucht. Startet das Landmädl eine Karriere als Gesellschaftslöwin?

Elisabeth sieht ein Schreckgespenst am Horizont auftauchen: ein einsames Leben voller Verletzungen und Erniedrigungen, ein Leben wie das ihrer Mutter. Ihr Widerstandsgeist erwacht. Sie weiß ganz genau: So wie ihre Mutter will sie nicht enden! Streitigkeiten mit ihrem Mann und die Angst um ihre jüngere Schwester Marie, die Königin von Neapel-Sizilien, deren Land von der italienischen Einigungsbewegung „bedroht" wird, lassen sie nur einen „Ausweg" erkennen: Flucht. Der Fluchtweg wird gerade rechtzeitig fertiggestellt: die nach ihr benannte „Kaiserin-

Elisabeth-Westbahn" von Wien nach München. Sisi hat es so eilig, fortzukommen, daß sie nicht einmal die offizielle Eröffnung der Bahnlinie abwarten kann. Peinlich, peinlich für die Organisatoren der Feierlichkeiten!

Doch der Kaiser hat andere Sorgen: Seine außerehelichen sexuellen Eskapaden haben seine Ehe heillos zerrüttet, und das Volk verlangt nach Mitsprache im Staat. Der Kaiser reagiert zunächst wie immer: hilflos. In politischer Hinsicht muß er aber nachgeben und seinem Volk den ersten Schritt in Richtung eines Staates erlauben, in dem nicht nur der Kaiser alles, sondern auch ein Parlament etwas zu plaudern hat. Die Probleme mit seiner Frau sind nicht so leicht zu bewältigen. Elisabeth reagiert prompt auf seine Kränkungen: Sie wird krank. Ihre seit der Hochzeit mit Franz Joseph ständig angespannten Nerven lassen sie immer wieder in Weinkrämpfe ausbrechen. Sie leidet an starkem Husten und an Blutarmut, ißt sehr wenig, versucht ihre Nervosität durch viel Bewegung – Reiten, Spazierenlaufen, Turnen – sowie durch Hungerkuren in den Griff zu bekommen und meidet den Kontakt mit ihrem Ehemann. Heute würde man ihr Leiden wahrscheinlich als Magersucht bezeichnen und Elisabeth zu einem Psychotherapeuten schicken. Damals zog man einen Lungenfacharzt zu Rate, der eine „Lungenaffektation", eine Lungenkrankheit feststellt.

Ob der Befund korrekt ist, spielt eine untergeordnete Rolle, die Therapie scheint die richtige zu sein: ein mehrmonatiger Aufenthalt in wärmeren Gefilden, weit weg vom Wiener Hof, weit, weit weg von Franz Joseph! Elisabeth ist reif für die Insel: Madeira ist das Zauberwort, das Heilung versprechen soll. Wer hat ihr diesen Floh ins Ohr gesetzt, ausgerechnet nach Madeira zu reisen? Die begeisterten Erzählungen ihres Lieblingsschwagers Maximilian über die Insel im Atlantik haben ihr Interesse entfacht. Hat man am Wiener Hof Mitleid mit der kranken, unglücklichen Frau? Hat man Verständnis für ihre Reisepläne? Heißt es doch, daß die Krankheit der Kaiserin lebensbedrohend sei und sie den Winter in Wien nicht überleben würde. Nein, natürlich nicht, der arme, verlassene Kaiser wird bedauert, für seine Seitensprünge hat man vollstes Verständnis.

Jeder Kilometer Entfernung vom Wiener Hof macht Elisabeth ein Stückchen gesünder, nach ca. 3 300 km fühlt sie sich schon wieder leidlich wohl. Die stürmische Schiffsreise nach Madeira genießt sie geradezu, nicht jedoch ihre mit ständigem Brechreiz kämpfende Begleitung. Endlich kann sie wieder kräftig durchatmen, endlich fühlt sie sich wieder frei ... Der Sturm, die unbändige See lassen die Zwänge, die dummen Vorschriften, den gesamten Wiener Intrigenstadl lächerlich, klein und nichtig erscheinen.

Je stärker der Sturm tobt, desto ruhiger wird es in Elisabeths Innerem. Sie wirft das beengende „Wiener Korsett" ab, und sie fühlt sich prächtig dabei!

Die Tage auf Madeira sind ruhig und auch ein bißchen fade, nicht wirklich ausgefüllt mit Spazierengehen, Spazierenfahren – in einer Kutsche, die von weißen Ponys gezogen wird –, Kartenspielen, der Beschäftigung mit Tieren (Papageien und einem großen Hund aus England), Ungarisch-Lernen, Lesen und dem stundenlangen Abspielen von Melodien aus „La Traviata" mittels eines Leierkastens. Die Villa mit Blick aufs Meer ist hübsch, doch sonst herrscht in Funchal, der Hauptstadt Madeiras, „tote Hose". Von Zeit zu Zeit tauchen Kuriere aus dem fernen Wien auf, übergeben Geld, Briefe und zu Weihnachten sogar einen Christbaum und berichten zu Hause über den Seelenzustand der Kaiserin:

„Moralisch ist ... die Kaiserin schrecklich gedrückt, beinahe melancholisch, wie es in ihrer Lage wohl nicht anders möglich ist – sie sperrt sich oft beinahe den ganzen Tag in ihrem Zimmer ein und weint ... Sie ißt schrecklich wenig, so daß auch wir darunter leiden müssen, denn das Essen, vier Speisen, vier Desserts, Kaffee etc. dauern nie über fünfundzwanzig Minuten. In ihrer Melancholie geht sie nie aus, sondern sitzt bloß am offenen Fenster mit Ausnahme eines Spazierrittes im Schritt von höchstens einer Stunde."

Die Anwesenheit der Wiener Kuriere dürfte der Kaiserin die klare Luft auf Madeira „vergiftet" haben. Ein Photo verblüfft die Wiener Hofgesellschaft

und bringt die Gerüchteküche wieder einmal zum Brodeln: Die angeblich
todkranke Kaiserin sitzt, umgeben von ihren Hofdamen – alle im Matro-
senlook –, im Freien. Sie wirkt entspannt, ein Lächeln umspielt ihren Mund,
und sie versucht sich auf einer Macheta, einer kleinen Gitarre. Das Photo
vermittelt ungetrübte Urlaubsstimmung. In Wien fragt man sich, wie krank
die Kaiserin denn tatsächlich sei!

Zwiespältig sind die Gefühle Elisabeths. Einerseits sehnt sie sich
nach ihren Kindern, andererseits läßt der Gedanke an ihre Schwiegermutter neuerlich Fluchtgedanken in ihr aufkeimen. Ihrem väterlichen Freund
Graf Grünne vertraut sie sich in ihren Briefen an:

„Überhaupt möchte ich immer weiter, jedes Schiff, das ich weg-
fahren sehe, gibt mir die größte Lust, darauf zu sein, ob es nach Brasilien,
nach Afrika oder ans Kap geht, es ist mir einerlei, nur nicht so lange an
einem Fleck zu sitzen … Um Ihnen ganz offen zu gestehen, hätte ich nicht
die Kinder, so würde mir der Gedanke, wieder das Leben, das ich bisher
geführt habe, wieder aufnehmen zu müssen, ganz unerträglich sein. An die
E. (Erzherzogin Sophie) denke ich nur mit Schaudern, und die Entfernung
macht sie mir nur noch zuwiderer … die sich gewiß die Zeit meiner Abwe-
senheit zu Nutzen gemacht hat, um den K. (Kaiser) und die Kinder zu

dirigieren und zu überwachen. Der Anfang wird nicht süß sein und ich wer-
de eine Weile brauchen, bis ich mich wieder hineinfinde, das Hauskreuz auf-
zunehmen."

Auf ausdrücklichen Wunsch der Kaiserin informiert Graf Grünne auch über
die politische Situation in Österreich, vom Kaiser bekommt sie keine Infos.
Er will seine süße „Engelssisi" anscheinend geistig austrocknen lassen.
Ernsthafte politische Information mutet er ihr nicht zu, das ist wohl nichts
für das „Spatzenhirn der süßen, kleinen Kaiserin". Er weiß noch nichts von
der erstaunlichen Veränderung, die mit seiner Frau auf Madeira vor sich
geht: Sie wird selbstbewußt, und sie wird zu jener märchenhaft schönen
Kaiserin, deren berückende Ausstrahlung niemanden kaltläßt. Aus Sisi wird
Elisabeth, die kleine Kaiserin wird erwachsen.

    Graf Imre Hunyády ist der erste, an dem sie ihre Wirkung als
Femme fatale erprobt. Er ist einer der Ehrenkavaliere, die die Kaiserin nach
Madeira begleiten, und er erteilt ihr Ungarischunterricht. Der fesche Imre
verliebt sich rettungslos in die schöne Kaiserin und wird prompt nach Wien
zurückbeordert.

    Während sich Elisabeth auf Madeira mehr oder weniger lang-
weilt, erlebt ihre Schwester Marie dramatische Zeiten. Die Festung Gaeta,
wohin sich Marie mit ihrem Mann vor der Einigungsbewegung Garibaldis
zurückzieht, wird eingenommen. Das königliche Ehepaar flüchtet nach
Rom. Aus der Königin von Neapel-Sizilien wird eine Ex-Königin, doch ihr
Mut und ihre Entschlossenheit bei der Verteidigung Gaetas machen sie
zugleich zu einer Berühmtheit.

    Zurück in Wien, nach sechs Monaten auf Madeira, ist für Elisa-
beth alles wie gehabt: Sie leidet unter starkem Husten, fiebert, verweigert
das Essen und weint sich die Seele aus dem Leib. Einige Tage Hof- und Eheleben genügen, um die Kaiserin todkrank werden zu lassen. Eine galoppie-
rende Lungenschwindsucht wird diagnostiziert. Und schon wieder ist sie
reif für die Insel, diesmal für Korfu im heutigen Griechenland. Und schon

wieder gibt es einen rührseligen Abschied. Der Kaiser bleibt hilflos zurück. Er kennt sich ganz und gar nicht aus. Warum nur machen seine Zärtlichkeiten aus seiner „Engelssisi" eine sterbenskranke Frau? Einfühlungsvermögen ist nicht gerade seine Stärke, und so schickt er Graf Grünne als Eheberater nach Korfu, das heißt, er versucht den Teufel mit dem Belzebuben auszutreiben. Grünne dürfte die Kaiserin in das ABC des perfekten Seitensprungs eingeführt haben, und er verdächtigt sie auch noch der Untreue! Das ist zu viel für das schwache Nervenkostüm der Kaiserin. Der Vermittlungsversuch schlägt fehl, Elisabeth kündigt Grünne die Freundschaft auf und wird depressiv. Helene, Sisis ältere Schwester, wird nach Korfu geschickt. Sie päppelt ihre kleine Schwester wieder auf.

Kennt Elisabeth ihre Kinder überhaupt noch? Und was viel schwerer wiegt: Würden Gisela und Rudolf ihre Mutter noch erkennen? Rudolf ist erst eineinhalb Jahre alt, als seine Mutter Wien verläßt, ihn kennt Elisabeth nur mehr von Photos. Sisis Heimweh nach Wien hält sich in Grenzen, aber ihr Wunsch, die Kinder wiederzusehen, wird immer größer. Was tun? Die Kinder müssen ihrer Mutter entgegenreisen. Als Treffpunkt wird Venedig vereinbart. Gisela und Rudolf dürfen sogar einige Monate bei ihrer Mutter bleiben. Na, wer wird wohl von dieser Idee wenig begeistert sein – Erzherzogin Sophie natürlich! Kaum nähert sich Elisabeth bedrohlich der Residenzstadt, wird die Schwiegermutter auch schon nervös. Während Sisis langer Abwesenheit hat sie ihren Einfluß auf den Sohn und die Enkelkinder ausgebaut, und da kommt diese verrückte Schwiegertochter und „entführt" die beiden Kleinen. Ein Skandal! Verzweifelt sucht sie nach guten Gründen, warum nur ein Kurzbesuch bei Elisabeth möglich sei: Das Wasser sei in Venedig ungesund für die Kinder. Ein Wink mit dem Zaunpfahl für ihre Schwiegertochter, die schon einmal „fahrlässig" das Leben eines Kindes, Sophies Leben, aufs Spiel gesetzt hat. Der Kaiser weiß einen Ausweg: Täglich wird Wasser vom „schönen Brunnen" – beim Schloß Schönbrunn – nach Venedig transportiert. Es steht 1 : 0 für Elisabeth im endlosen Streit zwischen Schwiegermutter und Schwiegertochter. Doch

Elisabeth, ihre Kinder Rudolf und Gisela
und die Erzieherin der Kinder, Baronin Welden,
bei einer Gondelfahrt in Venedig.
Die Abbildung entspringt der Phantasie des Künstlers:
Elisabeth läßt sich mit ihren Kindern gemeinsam
nicht photographieren.

aus dem 1:0 wird bald ein 2:0: Die verhaßte Obersthofmeisterin Gräfin Esterházy, ein Spitzel ihrer Schwiegermutter, wird ausgetauscht. Elisabeths Hofdame Paula Bellegarde, verehelichte Gräfin Königsegg, übernimmt deren Rolle. Sie entstammt nicht dem Hochadel, und dennoch ist sie die Nummer eins unter den Damen des Landes. Die Empörung unter diesen ist dementsprechend groß.

Schon in Madeira und vor allem in Korfu zeigt sich die Neigung Sisis zur Wassersucht: Ihr Gesicht wirkt aufgedunsen. In Venedig kann Elisabeth oftmals mit ihren geschwollenen Füßen kaum gehen, eine Tragödie für die bewegungshungrige Kaiserin. Angst macht sich breit – Angst vor einem langsamen Siechtum, Angst, dem Kaiser als kränkliche Frau zur Last zu fallen. Besucher melden sich in Venedig an: Mutter Ludovika und sogar der Kaiser. Ist sie „alleine", langweilt sie sich furchtbar. Sie entdeckt die Sammelleidenschaft – als ein Mittel, die Zeit totzuschlagen. Was sammelt die Kaiserin? Briefmarken oder vielleicht Kaffeehäferl? Die schöne Elisabeth sammelt Photos schöner Frauen. Österreichische Diplomaten staunen nicht wenig, als sie der kaiserlichen Sammelwut dienstbar sein und Photos pikanter Schönheiten aus dem Ausland nach Wien senden sollen.

Elisabeth ist noch nicht bereit, nach Wien zurückzukehren. Auf Venedig folgen Aufenthalte in Bad Kissingen und im geliebten „Possi". In Possenhofen geht es wieder einmal drunter und drüber. Elisabeths jüngere „römischen" Schwestern, Marie und Mathilde, sorgen für Aufregung. Beide haben Probleme mit ihren Ehemännern: Der eine ist impotent, der andere notorisch untreu. Doch die beiden lassen sich nicht unterkriegen: Sie beginnen ihrerseits Liebesverhältnisse und genießen – für Frauen der damaligen Zeit untypisch – ein freies Leben. Die herrliche Zeit hat Folgen: Marie wird schwanger. Ihr Ehemann kann aus bekannten Gründen unmöglich der Vater des Kindes sein. Was tun, guter Rat ist teuer. Gibt es Probleme, kommen die Schwestern erst einmal nach Hause – nach Possenhofen, zu ihrer Mutter. Die Aufregung in der Familie ist groß. Nur Herzog Max sieht die Sache ganz cool: *„Na ja, solche Sachen passieren nun einmal. Wozu also das Gegacker!"* Er spricht schließlich aus Erfahrung. Heimlich bringt Marie ihr Kind zur Welt und übergibt es dessen Vater.

Ludovikas ständiges Lamentieren, die Heimlichkeiten seiner Töchter und dann noch die kränkelnde Elisabeth mit ihrem Hofstaat, all das hält Herzog Max nicht mehr aus. Sein ruhiges Possenhofen wird zu einem Narrenhaus. Der Herzog spricht ein Machtwort und schmeißt seine Töchter hochkantig hinaus. Sollen sie doch zu ihren Ehemännern zurückkehren, er will seine Ruhe haben.

Was bleibt Elisabeth nun anderes übrig, als nach Wien zurückzukehren, allerdings nicht alleine, ihr Bruder Carl Theodor begleitet sie. Mit einem Fackelzug wird die Kaiserin in Wien begrüßt. Hat sich das Verhältnis zum Kaiser verändert? Nun, die Kaiserin hat sich verändert: Starkes Selbstbewußtsein hat sie gewonnen, und sie weiß ihre Wünsche entschieden durchzusetzen. Der Kaiser behandelt sie wie ein rohes Ei. Er lebt stets in der Angst, daß Elisabeth wieder das Weite suchen könnte. Brav nimmt sie die wichtigsten Repräsentationstermine wahr: den Hofball etwa, die traditionelle Fronleichnamsprozession, die Eröffnung der Ringstraße; und sie besucht in den Lazaretten die Verwundeten des Krieges um Schleswig-Holstein. Aber sie wählt auch aus, überlegt genau, wen sie mit ihrer Anwesenheit beglückt und wen nicht. Der frauenfeindliche Ministerpräsident von Preußen, Otto von Bismarck, gehört nicht zu den Glücklichen. Ein plötzliches Unwohlsein befällt sie kurz vor einem offiziellen Diner mit ihm.

So ein Zufall!

Elisabeth ist nicht mehr die kleine naive Kaiserin, das süße Mädl, das Franz Joseph vor mehr als zehn Jahren zu seiner Frau genommen hat. Sie ist jetzt emanzipiert und selbstbewußt – eine Frau eben, die weiß, was sie will. Vor allem aber, was sie *nicht* will!

Als Elisabeth erfährt, welch brutale Erziehungsmethoden ihr kleiner Sohn Rudolf ertragen muß – Genaueres darüber später –, handelt sie schnell und unmißverständlich. Sie stellt dem Kaiser ein schriftliches Ultimatum:

„Ich wünsche, daß mir vorbehalten bleibe unumschränkte Vollmacht in Allem, was die Kinder betrifft, die Wahl ihrer Umgebung, den Ort ihres Aufenthaltes, die complette Leitung ihrer Erziehung, mit einem Wort, alles bleibt mir ganz allein zu bestimmen, bis zum Moment der Volljährigkeit."

Und weil sie gerade so schön in Fahrt ist, dehnt sie ihre Forderungen, pardon Wünsche natürlich, auf ihren ganz privaten Bereich aus:

„Ferner wünsche ich, daß, was immer meine persönlichen Angelegenheiten betrifft, wie unter anderem die Wahl meiner Umgebung, den Ort meines Aufenthaltes, alle Anordnungen im Haus p. p. mir allein zu bestimmen vorbehalten bleibt. Elisabeth. Ischl, 27. August 1865."

Eine regelrechte Unabhängigkeitserklärung hält sie dem Kaiser ganz frech unter die Nase. Wie schaut seine Antwort aus? Nun, er schluckt es. Er weiß ganz genau, was passiert, wenn er nein sagt: Sisi verduftet. Aber der arme Kaiser ist zu sehr dem Duft seiner Frau erlegen, als daß er ihren Verlust verkraften könnte.

SPIEGLEIN, SPIEGLEIN
AN DER WAND...

... wer ist die Schönste im ganzen Land? Die Kaiserin natürlich, welche Frage! Das spricht sich schnell herum! Taucht Elisabeth in der Öffentlichkeit auf, wird sie in Windeseile von einer Menschenmenge umringt. Jedermann will einen Blick auf sie werfen.

Als sie eines Tages den Stephansdom besucht, bedrängen sie so viele Schaulustige, daß Elisabeth voll Panik – in Tränen aufgelöst – in die Sakristei entschwindet. Menschen pilgern in Scharen nach Wien, in der Hoffnung, einmal im Leben die wunderschöne Kaiserin sehen zu können, und Gesandte aus aller Herren Länder tragen ihren Ruf in die Welt hinaus.

Toll, nicht wahr, bewundert zu werden, als die schönste Frau der Welt – muß das nicht ein traumhaft schönes Gefühl sein?

Nicht für Elisabeth! Sie ist schüchtern. Sie haßt es, beglotzt zu werden, mehrmals täglich die Kleider zu wechseln, als Anziehpuppe – heute würde man sie respektlos „Barbiepuppe" nennen – bei Festen und Empfängen Hunderten von Augenpaaren „zum Fraß vorgeworfen" zu werden. Es ist anstrengend, den Ruf einer Traumfrau zu verteidigen: Sie muß *immer* schön sein. Ein großer Pickel auf dem Kinn Ihrer Majestät kann zur Staatsaffäre werden. Jede Veränderung – z. B. eine neue Falte im Gesicht, ein weißes Haar oder ein Kilo mehr an den Hüften – wird kritisch beobachtet.

Elisabeth hat auch viel zu verlieren. Sie ist eine Naturschönheit: 1,72 m groß, ist sie mit einem gertenschlanken, wunderschön geformten Körper, einer Wespentaille, weichen, ebenmäßigen Gesichtszügen, einer

Die 28jährige Kaiserin trägt ein Galakleid mit Diamantensternen im Haar.
Die Krinoline (der Reifrock) allein besteht aus 60 m langen Stahlreifen. Insgesamt setzt sich die Ballrobe aus vier Röcken zusammen, die einen Umfang von sechs bis acht Metern haben. Knöpfe, Haken oder einen Zipp sucht man vergebens, denn Elisabeth läßt sich in ihre Kleider einnähen und schließlich wieder heraustrennen.

Kaiserin Elisabeth, bekleidet mit einer Schweizer Bluse und einem Berner Gürtel, der ihre Wespentaille besonders zu Geltung bringt. Mit diesem Photo wird Kaiser Franz Joseph 1872 erpreßt. Jemand montiert den Kopf Elisabeths auf den Körper einer nackten, sehr üppigen Frau und schickt das Photo und einen Erpresserbrief an den Kaiser: „Geld oder die Verbreitung des Photos in ganz Wien", heißt es darin. Der Kaiser zahlt nicht, der Erpresser wird ausgeforscht.

makellos schönen Haut und vor allem einer Fülle dichten, seidigen, bis zu den Fersen reichenden Haares gesegnet.

Doch lassen wir einen Mann zu Wort kommen, der die 27jährige Elisabeth tatsächlich sah. Der amerikanische Gesandte in Wien schwärmt in den höchsten Tönen:

„Die Kaiserin ist ... ein Wunder an Schönheit – hoch und schlank, wunderschön geformt, mit einer Fülle von hellbraunem Haar, einer niederen griechischen Stirn, sanften Augen, sehr rothen Lippen, mit süßem Lächeln, einer leisen, wohlklingenden Stimme, und theils schüchternem, theils sehr graziösem Benehmen."

Besucht sie einen Ball, so werden alle anderen Damen zu grauen Mäusen. Sie stiehlt ihnen einfach die Show. Denn eines ist klar: Elisabeth ist der absolute Superstar.

Hat dieser Superstar auch einen Schönheitsfehler? Ja, ohne Makel ist nicht einmal die wunderschöne Kaiserin Elisabeth: Sie hat häßliche Zähne. Schon ihre Schwiegermutter stellt in Ischl sehr gelbe Zähne bei Sisi fest und regt zum besseren Putzen an. Doch die schlechten Zähne bleiben ihr – wenngleich einziger – Schönheitsfehler, den auch die besten Zahnärzte nicht beheben können. (Jacketkronen gibt es zu Sisis Leidwesen noch nicht.) Die Kaiserin vermeidet es strikt, ihre Zähne zu zeigen. Sie spricht mit fast geschlossenen Lippen, und zwar so leise, daß ein Gespräch mit ihr zum Problem werden kann. Als sie einmal einen schwerhörigen Herrn fragt, ob er verheiratet sei, antwortet dieser auf gut Glück: „Manchmal." Und auf die Frage, ob der gute Mann denn Kinder habe, antwortet dieser sehr vage: „Von Zeit zu Zeit." Oftmals schweigt die Kaiserin, anstatt sich an dümmlichen, nichtssagenden Gesprächen im Salon zu beteiligen. Prompt hält man sie für schön, aber dumm!

Im Alter bleiben auch Elisabeth dritte Zähne nicht erspart. In Ischl wird die 60jährige Kaiserin von der Schauspielerin Rosa Albach-Retty in einem Gasthaus bei einer sehr intimen Tätigkeit beobachtet. Elisabeth glaubt allein zu sein:

„Elisabeth schaute sekundenlang vor sich hin, griff dann mit der linken Hand nach ihrem Gebiß, nahm es heraus, hielt es seitlich über den Tischrand und spülte es mit einem Glas Wasser ab. Dann schob sie es wieder in den Mund. Das alles geschah mit so viel graziöser Nonchalance, vor allem aber derart blitzschnell, daß ich zunächst meinen Augen nicht trauen wollte."

Dennoch – Schönheit ist Elisabeths größtes Kapital. Das weiß sie. Schönheit verleiht ihr Selbstbewußtsein und Unabhängigkeit, bestätigt sie in ihrem Bewußtsein, etwas Besonderes zu sein, hinter der Maske ihrer Schönheit hat sie „Narrenfreiheit".

Für immer jung und für immer schön will Elisabeth bleiben, und dafür tut sie alles, naja, sagen wir: fast alles. Sie probiert jede nur mögliche Diät aus, unternimmt Schwitzkuren und Dampfbäder und quält sich tagtäglich in einem ihrer Fitneßcenter – ganz schön modern, diese Dame. Zur Zeit Elisabeths ist Turnen und Gymnastik eine Sache der Männer, speziell der Soldaten. Turnende Damen, noch dazu eine turnende Kaiserin, sind schlichtweg ein Skandal.

Als Elisabeth in der Hofburg ein Turnzimmer einrichten läßt und die Presse davon Wind bekommt, kann man in Zeitungen lesen, daß ein Turnsaal zur körperlichen Ertüchtigung der Erzherzöge und des Kaisers eingerichtet wurde. Keiner konnte sich eine an Ringen schwingende Kaiserin vorstellen! Wo immer sich Elisabeth längere Zeit aufhält, wird ein Gymnastikraum mit Sprossenwand, Ringen, Reck, Barren und verschiedenen

Gewichten bzw. Hanteln eingerichtet. Die Kaiserin ist überhaupt eine Bewegungsfanatikerin und sehr sportlich unterwegs. Durch Reiten, Fechten und Spazierenlaufen hält sie ihren Körper geschmeidig und schlank.

Eine Frau, die ständig „auf Diät" ist, alle möglichen und manchmal auch unmöglichen Rezepte ausprobiert, um rank und schlank zu bleiben, das klingt doch wirklich sehr modern! Diäten auszuprobieren, dürfte ein Hobby der Kaiserin sein, und sie ist sehr konsequent im Einhalten auch der greulichsten Diätvorschriften.

Orangendiät, Eidiät, Milchdiät, Ochsenfleischsaftdiät ... Die Kaiserin ist sehr einfallsreich und nicht gerade zimperlich, wenn es darum geht, abzunehmen. Franz Joseph entdeckt eines Tages ein Glas mit einer eigenartigen rötlichen Flüssigkeit auf dem Eßtisch, Elisabeth klärt ihn bereitwilligst darüber auf: Inhalt des Glases ist der Saft von sechs Kilo ausgepreßtem Ochsenfleisch, ein spezieller Energydrink sozusagen! Den Kaiser hat es nicht gefreut, im Gegenteil: Es ekelt ihn bei dem Gedanken, daß seine Frau Fleischsaft trinkt. Eine Mixtur von fünf bis sechs Eiweiß mit Salz trinkt Elisabeth auch mit Begeisterung. Igitt! Während des Trinkens denkt sie vermutlich sehr intensiv an ihre herrlich schlanke Figur, denn nur so ist es wohl möglich, diesen Energietrank ohne Brechreiz in sich aufzunehmen.

Einer Diätsünde kann selbst die Kaiserin nicht widerstehen: Süßigkeiten. Sie ist Stammkundin der besten Konditoreien Europas. Ein besonderer Leckerbissen Elisabeths ist Veilcheneis. Schönheitsfetischisten und Gesundheitsapostel, aufgepaßt! Nach einem guten Essen – in Gesellschaft vertrauter, ihr wohl gesonnener Menschen schlemmt Sisi mit Begeisterung – raucht die Kaiserin gerne eine Zigarette oder sogar eine Zigarre.

!

VEILCHEN GEFRORENES
Frische Veilchen läßt man in Milch aufkochen und ausziehen, passiert sie, bereitet damit eine Crème à l'Anglaise, färbt sie violett und gefriert sie.

BREZEN IHRER MAJESTÄT
(Rezept aus München)
1 Pfund Mehl, 22 Loth Zucker, 24 Loth Butter, 3 Eier, Saft und Schale einer Zitrone. Auf dem Brett zu einem Teig verarbeiten und Brezen formen. Auf befettetem Backblech backen.

Ein Matrose mit
zwei „Reisebegleitern" der Kaiserin

Milch ist Lebenselixier für die Kaiserin. Nicht jede Kuh „darf" Elisabeth mit Milch versorgen, dazu sind nur besonders gesunde, qualitätvolle Tiere ausersehen. Aus aller Herren Länder läßt sie Kühe nach Wien bringen: Sie sammelt sie geradezu. Die Tiere werden im Schönbrunner Tirolergarten untergebracht und immer wieder von Tierärzten untersucht. In der sogenannten Kammermeierei läßt Elisabeth auch drei Zimmer im ungarischen Stil als kleines Refugium einrichten. Jeden Tag wird der Kaiserin kuhwarme Milch serviert. Wenn sie in der Hofburg residiert, wird die Milch extra in die Hofburg gebracht, und zwar täglich. Auf Reisen will Elisabeth jedoch auch nicht auf Milch verzichten. Wie soll man das machen? überlegen die Hofbediensteten. Vielleicht Milchflaschen gekühlt auf dem Schiff einlagern? Das hätte wahrscheinlich nicht funktioniert, da Milch bekanntlich nicht sehr lange haltbar ist. Die Lösung des Problems ist simpel: Nicht die Milch, sondern die Milchlieferanten werden auf das Schiff mitgenommen. Kühe und Ziegen begleiten die Kaiserin künftig auf ihren Reisen. „Die armen Viecher", kann man dazu nur sagen! Natürlich vertragen die Tiere ihre unnatürliche Umgebung nicht sehr gut: Sie werden seekrank. Aus diesem Grunde werden die leichten und wenig standfesten Ziegen nicht mehr mitgenommen.

Alles, was sich Elisabeth in den Kopf setzt, erledigt sie hundertprozentig, so auch den lebenslangen Kampf um eine gertenschlanke Figur. Sie wiegt ihr Leben lang zwischen 46 und 50 kg bei einer Körpergröße von

172 cm und hat einen Taillenumfang von 45 bis 50 cm! Vom Körpergewicht muß man aber das Gewicht des Haares – ca. 5 kg – abziehen.

Um den Körper ja nicht zu üppig werden zu lassen, kontrolliert sie ihr Gewicht dreimal täglich und läßt die Ergebnisse in Listen eintragen. Täglich mißt sie Taille, Schenkel und Waden! Und wehe, die Waage zeigt 51 kg an, dann läuten bei Sisi die Alarmglocken: Abnehmen ist angesagt!

Diverse Schönheitsmittelchen und Haarshampoos kauft man heute fix und fertig in einer Parfümerie oder im Supermarkt. Zu Elisabeths Zeiten muß man sie zu Hause herstellen. Das ist sehr aufwendig und teuer. Nicht jedoch für die Kaisern, sie hat genug Bedienstete dafür.

!

SCHÖNHEITSREZEPTE

ERDBEERMASKE
Frische Erdbeeren zerdrücken und Hals und Gesicht damit bestreichen.

VEILCHENDUFTWASSER
Veilchenblüten mit Alkohol übergießen, eine Woche im Dunklen stehen-lassen, filtern, mit destilliertem Wasser aufgießen, vor Gebrauch schütteln. (Veilchen liebt Elisabeth über alles.)

OLIVENÖL-BAD
Olivenöl und Honig erhitzen, in das Badewasser gießen, riecht leicht ranzig, erhält die Haut geschmeidig.

EI-COGNAC-SHAMPOO
30 rohe Eidotter mit Cognac vermischen, mit einem Pinsel auf die Haarsträhnen auftragen, eine Stunde lang einwirken lassen.

TEESPÜLUNG
Schwarzen Tee kochen, den ausge-kühlten Tee in das frottierte Haar kämmen, das Haar bekommt eine rotbraune Farbe.

Der ganze Stolz Elisabeths ist ihr herrliches, bis zu den Fersen reichendes Haar. Dessen Pflege widmet sie sehr viel Zeit. Um Sisis Haarflut zu bändigen, bedarf es einer besonderen Haarkünstlerin: Fanny Angerer, Friseuse am Wiener Burgtheater. Elisabeth fallen die tollen Frisuren der Schauspielerinnen auf, und flugs macht sie der Angerer ein grandioses Angebot, das diese nicht ausschlagen kann: Für 2 000 Gulden jährlich soll sie in die Dienste der Kaiserin treten. Nur zur Information: 2 000 Gulden entsprechen dem Jahresgehalt eines Universitätsprofessors! Die gute Fanny wird nicht nur außerordentlich gut bezahlt, sie wird auch zur berühmtesten Friseuse des Landes. Ihr verdankt die Kaiserin die unverwechselbare Kronenfrisur, ihre „Steckbrieffrisur": Zöpfe werden am Kopf auf komplizierte Art und Weise zu einer Haarkrone verschlungen. Fanny „krönt" die Kaiserin tagtäglich. Sie ist sich ihrer Bedeutung bei Hofe sehr wohl bewußt. Fühlt sie sich von ihrer mitunter sehr launischen Herrin schlecht behandelt, hat sie ein geeignetes Mittel, diese zu zähmen: Sie wird urplötzlich krank. Unter Fannys „Krankheiten" leidet der gesamte Hofstaat, besonders jedoch die kaiserliche Familie. Denn die Launen der Kaiserin sind in dieser Zeit kaum auszuhalten, und so gibt sie auch offen zu: *„Ich bin die Sklavin meiner Haare."* Und in der Folge offenbar die Sklavin der raffinierten Fanny, die sich zur Herrin über den Gemütszustand der Kaiserin aufspielt: Das Stimmungsbarometer Elisabeths bewegt sich zwischen diesen beiden Polen: Gelungene Frisur = gute Laune; mißlungene Frisur = schlechte Laune. Elisabeth hat eine ganz besondere Beziehung – fast könnte man es Liebe nennen – zu ihrem Haar, was auch ein Gedicht der Kaiserin zum Ausdruck bringt.

> An meinen Haaren möcht' ich sterben,
> Des Lebens ganze, volle Kraft,
> Des Blutes reinsten, besten Saft
> Den Flechten möcht' ich dies vererben.
>
> O ginge doch mein Dasein über,
> In lockig seidnes Wellengold,
> Das immer reicher, tiefer rollt,
> Bis ich entkräftet schlaf hinüber!

Das Frisieren ist ein heiliges Ritual, das Fanny, mit einem Bernsteinkamm und einem mit Silber beschlagenen „Wunderkamm gegen Haarausfall" bewaffnet, vornimmt. Die Kaiserin sitzt an einem Tisch in der Mitte des

Dieses Bild von Elisabeth im Nachthemd und mit offenem Haar hängt im Arbeitszimmer Franz Josephs. Nur der Kaiser, engste Vertraute und Familienmitglieder bekommen es zu Gesicht.
Denn so darf sich eine Dame – schon gar nicht eine Kaiserin – in der Öffentlichkeit auf keinen Fall zeigen.

Zimmers. Von ihrem spitzenbesetzten Frisiermantel sieht man fast nichts: Kein Wunder, die aufgelösten Haare hüllen ihren Körper völlig ein. Die Friseuse, mit einem schwarzen Kleid mit Schleppe, weißen Handschuhen und einer einem feinen Spinnennetz ähnlichen weißen Schürze bekleidet, geht ans Werk: Sie entwirrt das wellige Haar, Strähne für Strähne, flicht Zöpfe und ringelt sie wie Schlangen um den Kopf zu einer Krone. Für Hofbälle und andere Feste wird die Kronenfrisur mit den berühmten Diamantensternen oder Blüten geschmückt.

Nach dem Frisieren muß Fanny die „toten", ausgekämmten Haare auf einer silbernen Tasse präsentieren. Hat sie zu viele Haare sterben lassen, erntet sie vorwurfsvolle Blicke der Kaiserin. Jedes „tote" Haar versetzt Elisabeth in Begräbnisstimmung. Durch einen Trick verhilft die Friseuse dem „Wunderkamm" zu besonderer Wirkung: Sie befestigt einen Klebestreifen unter ihrer Schürze, streift den Kamm daran ab – und siehe da, kein „totes" Haar läßt sich darauf erkennen! Die Kaiserin freut sich über den haarlosen Kamm, und die Friseuse hat ihre Ruhe. Mit den Worten:

„Zu Füßen Eurer Majestät ich mich lege!" und einem tiefen Kniefall beendet Fanny das Frisierritual.

Welche Kostbarkeit Elisabeths Haar mitunter darstellen kann, erzählt eine Geschichte. Während eines Aufenthalts der Kaiserin anläßlich der Trauung ihrer Schwester Marie in Triest soll ein einheimisches Mädchen, eine Italienerin, das Haar der Kaiserin kämmen. Angstvoll nimmt das Mädchen seine Arbeit auf, wohl wissend, daß jedes ausgekämmte Haar für die Kaiserin von großem Wert ist. Nach dem Frisieren glaubt die Kaiserin ihren Augen nicht zu trauen: Sie beobachtet in einem Spiegel, wie das Mädchen alle ausgekämmten Haare, anstatt diese auf die silberne Tasse zu legen, in ihren Mund steckt. Zur Rede gestellt, wirft sie sich weinend vor der Kaiserin auf die Knie und gesteht, daß sie einfach nicht widerstehen konnte, zur Erinnerung Haare Elisabeths zu behalten. Und dann passiert etwas ganz Außergewöhnliches: Die Kaiserin, die sonst um jedes verlorene Haar „weint", schneidet eine Locke ab und schenkt sie dem Mädchen.

Das Gewicht ihres Haares verursacht bei Elisabeth oftmals Kopfschmerzen. Sie hängt ihr Haar deshalb mit Bändern auf und entlastet so ihren Kopf und die Halsmuskulatur.

In einer Zeit ohne Haarfön, Lockenwickler und fertiges Haarshampoo ist Haarewaschen ein kompliziertes und langwieriges Unternehmen. Das Waschen der Haarpracht Elisabeths dauert einen ganzen Tag und findet ein- bis zweimal im Monat statt. An diesem Tag ist die Kaiserin für niemanden zu sprechen, nicht einmal für ihren Mann. Das speziell zubereitete „Haarshampoo" wird auf die auf einem Tisch liegenden Haarsträhnen aufgetragen. Wegen der ungewöhnlichen Länge der Haare benötigt man dazu einen Pinsel. Während dieser Prozedur trägt Elisabeth einen wasserdichten Mantel, der sie vor Verschmutzung bewahren soll. Nach einer Stunde wird das Haar gewaschen, zum Färben mit schwarzem Tee oder Walnußschalen-Sud nachgespült und letztendlich mit vorgewärmten Tüchern frottiert. Als lebender Haarfön betätigen sich Bedienstete, indem sie warme Luft zufächern. Die Kaiserin spaziert so lange im Zimmer umher, bis die Haare trocken sind.

Als Fanny heiraten will, bahnt sich eine Katastrophe an: Ein Leben ohne ihre Friseuse kann sich Elisabeth nicht vorstellen. Daher erlaubt der Kaiser beides, nämlich daß Fanny heiraten kann und trotzdem den Hof nicht verlassen muß. Der Ehemann, der Bankbeamte Hugo Feifalik, wird Privatsekretär der Kaiserin, schließlich Hofrat und in den Ritterstand erhoben. Die Frisierkünste seiner Frau verhelfen ihm zu einem phantastischen Karrieresprung. Ihr großer Einfluß auf die Kaiserin steigt Fanny Feifalik zu Kopf: Sie wird arrogant und kopiert die Kaiserin in deren würdevollem Benehmen, wobei sie oftmals kaiserlicher als die Kaiserin selbst erscheint. Elisabeth ist darüber nicht erbost, sondern benutzt Fanny im Ausland hin und wieder sogar als ihre Doppelgängerin. So fährt die Friseuse z. B. 1885 in einem Galaboot im Hafen von Smyrna (dem heutigen Izmir in der Türkei) umher, läßt sich bejubeln und nimmt die Huldigungen bedeutender Persönlichkeiten mit wahrhaft kaiserlicher Würde entgegen. Elisabeth besichtigt indessen unerkannt die Stadt.

Die Kronenfrisur kommt auch bei anderen Damen am Hofe groß in Mode. Ihr Wunsch, so schön wie die Kaiserin zu sein, beschert Fanny Feifalik ein nettes Zusatzeinkommen: Die Damen bei Hofe stehen Schlange, um von der kaiserlichen Friseuse verschönert zu werden. Die Kaiserin ist in Modefragen die absolute Trendsetterin.

Aber auch die schönste Frau wird einmal alt. Da hilft kein noch so wunderbares Wässerchen und keine noch so tolle selbstgemixte Anti-Falten-Creme, helfen keine Hungerkuren und kein Fitneßcenter. Das bemerkt auch die Kaiserin, und diese beschließt:

„Sobald ich mich altern fühle, ziehe ich mich ganz von der Welt zurück. Es gibt nichts ‚Grauslicheres‘, als so nach und nach zur Mumie zu werden und nicht Abschied zu nehmen vom Jungsein. Wenn man dann als geschminkte Larve herumlaufen muß – Pfui! Vielleicht werde ich später

Elisabeth, hoch zu Roß, verbirgt ihr Gesicht erfolgreich hinter einem Fächer, um sich vor einem aufdringlichen Photographen zu schützen. Der Schnappschuß ist einzigartig.

immer verschleiert gehen, und nicht einmal meine nächste Umgebung soll mein Gesicht mehr erblicken."

In der Erinnerung möchte sie die junge, wunderschöne Kaiserin bleiben, und so läßt sie sich ab ihrem 32. Lebensjahr nicht mehr photographieren und auch nicht mehr malen.

Niemand soll ihr mageres, von den langen Schiffsreisen faltig gewordenes Gesicht – Cremes mit Sonnenschutzfaktor gibt es ja noch nicht – sehen! Niemand! Im höheren Alter erscheint sie in der Öffentlichkeit nur mehr verschleiert. Versucht sich ein Photoreporter an sie heranzupirschen, hält sie blitzschnell einen Fächer vor ihr Gesicht. Eine in Schwarz gekleidete Dame mit weißem Schirm und Fächer bewaffnet, so wird sie von ihrer Umgebung wahrgenommen.

Doch lassen wir zwei unbestechliche Augenzeugen zu Wort kommen: Fürst Alfons Clary-Aldringen und seine Schwester. Als Kinder haben sie das Glück, die Märchenkaiserin von Angesicht zu Angesicht zu sehen. Als sie ihrer Großmutter davon erzählen, sagt diese die bedeutungsvollen Worte: *„Kinder, vergeßt nie diesen Tag, an dem ihr die schönste Frau der Welt gesehen habt!"* Der kleine Bub antwortet ganz empört: *„Aber Großmama, ihr Gesicht ist ja voller Runzeln!"* Seine ehrliche Antwort wird mit einer saftigen Ohrfeige belohnt. Der Mythos von der schönsten Frau der Welt muß bestehen bleiben ...

Das Kaiserpaar beim Frühstück im Salon der Kaiserin in der Wiener Hofburg.

EIN TAG IM LEBEN DER KAISERIN

Wer glaubt, daß eine Kaiserin bis in den Vormittag hinein schläft und es sich dann einfach gutgehen läßt, soll hier eines Besseren belehrt werden. Gewiß, eine Kaiserin muß selbst keinen Handgriff tun; für alle anfallenden Arbeiten hat sie einen Stab von Bediensteten. Aber der Alltag Elisabeths läßt sich am ehesten mit dem eines Spitzensportlers – vielleicht eines Jockeys – oder eines Mannequins vergleichen, und die haben ja bekanntermaßen einen sehr straff organisierten Tagesablauf, geprägt von Disziplin, Disziplin und noch einmal Disziplin.

5:00 – *ca. 2 Stunden*

Elisabeth ist keine Langschläferin, im Gegenteil: Im Winter wird sie um 6 Uhr, im Sommer sogar schon um 5 Uhr geweckt. Der Tag beginnt mit einem Vollbad. Ah, ein herrlicher Tagesbeginn, könnte man meinen – doch o Schock, die Kaiserin badet kalt! Bei diesem Gedanken läuft es jedem Morgenmuffel und wahrscheinlich auch so manchem Frühaufsteher vor Unbehagen kalt über den Rücken. Aber so ein Bad hat auch seinen Vorteil: Danach ist man hundertprozentig munter. Nach diesem Schockerlebnis kommt der angenehmere Teil: Elisabeth wird am ganzen Körper massiert und mit Öl eingerieben.

7:00 – *ca. 1-2 Stunden*

Turnen und Gymnastik ist angesagt. Übungen an den Ringen, am Reck, an einer Sprossenwand und mit Hanteln sorgen für einen durchtrainierten, biegsamen Körper.

9:00 – *ca. 15 Minuten*

Elisabeth gönnt sich ein kleines, kalorienarmes Frühstück: eine Schale kuhwarme Milch, manchmal auch eine Schale Tee und frisches Obst – zuweilen mit ihrem Mann oder mit ihrer Tochter Marie Valerie.

Wer sich unter einem wahrhaft kaiserlichen Frühstück Speck mit Ei, knackige Semmeln, Marmelade und Butter vorstellt, muß angesichts eines so kargen Essens wohl enttäuscht sein. Aber die schlanke Linie Ihrer Majestät bestimmt, was auf den Tisch kommt.

9:15 – *ca. 3 Stunden*

Drei volle Stunden widmet sich Fanny Feifalik Elisabeths Haar, um die berühmte „Steckbrieffrisur", die Kronenfrisur, auf das kaiserliche Haupt zu zaubern. Täglich drei Stunden Frisieren: eine Horrorvision für jeden, der es gewohnt ist, zwei-, dreimal mit der Bürste über seine kurzen Haare zu fahren. Drei Stunden regungslos zu sitzen und dumpf vor sich hin zu starren, nein, das war auch Elisabeth viel zu fad. Sie nützt diese Zeit, um Sprachen zu lernen – Ungarisch und Griechisch –, Briefe zu schreiben, oder sie läßt sich vorlesen.

12:15 – *ca. 3 Stunden*

Elisabeth läßt sich in ihre Kleider einnähen. Ja, richtig gelesen: Sie läßt sich einnähen, denn ihre Kleider müssen den Körper wie eine zweite Haut knalleng umhüllen. Ihre Wespentaille wird täglich eine Stunde lang in ein Mieder geschnürt, so daß Elisabeth zuweilen unter Atemnot leidet. Anstatt Unterröcken, die unter den Kleidern zu sehr auftragen, verwendet sie hauchdünne Rehlederhosen, die vor dem Anziehen sogar noch naß gemacht werden. Man könnte sie mit unseren Radlerhosen bzw. Leggings vergleichen. Vor allem unter dem Reitkostüm trägt Elisabeth derlei Hosen. Das Ankleiden für das Reiten oder Fechten ist natürlich nicht so zeitraubend wie für ihre „Auftritte" als Kaiserin bei verschiedenen Veranstaltungen.

15:15 – *ca. 15 Minuten*

Das Mittagessen ist nicht viel üppiger als das Frühstück. Meist besteht es nur aus einer Tasse Fleischbrühe bzw. Fleischsaft. Dick sollte es nicht machen, aber dennoch genug Kraft für Elisabeths Nachmittagsbeschäftigung geben.

15:30 – *ca. 3 Stunden*

Den Nachmittag widmet sie dem Sport: dem Reittraining, in späteren Jahren dem Fechten oder dem Spazierenlaufen – wir würden heute dazu Joggen oder besser Walking sagen. Bei Elisabeths stundenlangen Gewaltmärschen bot sich immer das gleiche Bild: Die Kaiserin federnden Schrittes, gefolgt von einer schwitzenden, keuchenden Hofdame, die sich nur mühsam an deren Fersen heften kann.

18:30 – *ca. 2 Stunden*

Elisabeth läßt sich für das Abendessen aus ihrem Sportkostüm „trennen" und in ihr Abendkleid einnähen. Ihre Frisur wird schnell noch in Ordnung gebracht. Nun nimmt sich die Kaiserin Zeit, um mit ihrer jüngsten Tochter Marie Valerie zu spielen.

20:30 – *zwischen ca. 20 Minuten und 1 Stunde*

Wenn es sich nicht vermeiden läßt, nimmt Elisabeth am Familiendiner teil. Meistens drückt sie sich davor. Dann heißt es, sie sei „unpäßlich" und müsse daher in ihren Räumen essen. Naja, es war nicht gerade gemütlich, im Kreise der Familie, der Erzherzöge und Erzherzoginnen, zu speisen. Zwar werden zehn bis zwölf Gänge auf kostbarem Silbergeschirr serviert und dazu vier bis fünf Weine kredenzt, aber was nützt das schon: Der Kaiser schafft es spielend, zwölf Gänge in einer halben Stunde hinunterzuschlingen, die Kaiserin ißt ohnedies fast nichts, und alle anderen am Tisch müssen zu essen aufhören, sobald der Kaiser Messer und Gabel aus der Hand legt. Da kann es schon passieren, daß ein Erzherzog das herrlichste Essen an sich vorbeiziehen sieht, ohne je eine der köstlichen Speisen auf seinem Teller zu entdecken. Denn oftmals beendet der Kaiser einen Gang, noch bevor alle an der Tafel davon bekommen haben. So mancher Gast reserviert schon vor dem Essen an der Hoftafel einen Tisch in einem Restaurant – im Hotel Sacher zum Beispiel – , wohl wissend, daß er wieder einmal hungrig von der kaiserlichen Tafel aufstehen wird. Sprechen darf man an der Hoftafel nur mit dem unmittelbaren Nachbarn, und auch das nur im Flüsterton.

Nach kurzer Zeit zieht sich Elisabeth wieder in ihre Gemächer zurück, obwohl sie ihren Mann bloß während des Familiendiners sieht. Ihre Sehnsucht nach ihm hält sich anscheinend in Grenzen.

21:30 – *ca. 1 Stunde*

Die Zeit vor dem Schlafengehen verbringt sie plaudernd mit ihrer Hofdame und Freundin Ida Ferenczy. Dann beginnt die langwierige Prozedur des Zubettgehens: Ihr Haar wird gebürstet und auf dem Weg zum Bett wie eine Schleppe nachgetragen. Vorsichtig wird es auf das Kopfende des Betts gelegt – auf einen Kopfpolster verzichtet Elisabeth. Auf das Gesicht wird eine Erdbeermaske aufgetragen oder Kalbsschnitzel auf Dekolleté, Stirn und Wangen aufgelegt, der Körper oberhalb der Hüfte in nasse Laken gehüllt, um eine Bindegewebsschwäche zu verhindern. Im Dienste der Schönheit wird die schönste Frau der Welt zur „Mumie". Regungslos schläft Elisabeth in ihrem nicht gerade bequemen Eisenbett.

Familiendiner in Ischl, wo man in etwas entspannterer Antmosphäre als in der Hofburg speist. Man darf sogar mit seinem Gegenüber plaudern! Der Kaiser sitzt zwischen seinen erwachsenen Töchtern Gisela und Marie Valerie, Elisabeth zwischen ihren Schwiegersöhnen Prinz Leopold von Bayern und Erzherzog Franz Salvator, an den Kopfenden der Tafel die beiden Söhne Giselas, Georg und Konrad.

KAISERIN? EHEFRAU? MUTTER?

Was sind die Aufgaben der Kaiserin von Österreich? Einen Thronfolger gebären und repräsentieren, repräsentieren und noch einmal repräsentieren! Soll sie den Kaiser bei seiner Arbeit unterstützen? Nicht in seinen politischen Entscheidungen, das sieht man gar nicht gerne! Sie soll ihm als Frauchen am „Herd" seine schwere Aufgabe erleichtern, ohne daß sie darüber unterrichtet wird, worin die Schwere der Arbeit besteht.

Ein einziges Mal greift Elisabeth aktiv in die Politik des Staates ein. Sie zieht dabei alle Register der politischen Beeinflussung ihres Mannes, sie schreckt nicht einmal vor Erpressung zurück und setzt sogar ihre Rückkehr ins Ehebett als Pfand ein. Was bedeutet Elisabeth so viel? Ungarn, ihre große Liebe zu Ungarn.

Alles Ungarische ist am Wiener Hof verpönt und äußerst verdächtig. Revoluzzer sind sie in den Augen der Erzherzogin Sophie, die immer Extrawürste braten müssen, die ihren Franzi während der Revolution von 1848/1849 entmachten wollten. Auf die Ungarn ist kein Verlaß, die wollen und wollen sich nicht unterordnen, selbständig möchten sie Entscheidungen für ihr Land treffen. Im Klartext: Die ungarischen Aristokraten wollen an der Macht des Kaisers mitnaschen!

Vier Menschen, vier Ungarn, entfachen ihre Liebe zu diesem Land: ihr alter Geschichtslehrer aus der Brautzeit, der verliebte Kavalier Imre Hunyády, dessen Schwester Lily – Elisabeths Hofdame auf Madeira – und insbesondere ihre beste Freundin Ida von Ferenczy, offiziell ihre Vorleserin. Letztere hat Kontakt zu zwei fortschrittlich gesinnten ungarischen Politikern: zu

Elisabeth spielt mit einem ihrer Lieblingshunde. Mit ihren Hunden läßt sich die Kaiserin gerne photographieren, nicht jedoch mit ihrem Mann und ihren Kindern. Sogar ein Lächeln umspielt ihren Mund.

Franz Deák, vor allem aber zu Gyula Andrássy. Andrássy ... was für ein Mann, feurig, temperamentvoll, ideenreich, phantasievoll, selbstbewußt, einfach unwiderstehlich! Welch ein Kontrast zu ihrem Ehemann, dem pflichteifrigen, kleinlichen, phantasielosen Aktenvertilger in der Hofburg! Andrássys Unwiderstehlichkeit nützt dieser beinhart für seine politischen Pläne aus. Elisabeth kann ihm nicht widerstehen und läßt sich voll und ganz für seine, für Ungarns Ziele einspannen, und sie macht es mit Feuereifer, denn Andrássy, ihr glühender Verehrer, dankt es ihr von Herzen. Die beiden schreiben einander im geheimen, denn sie haben einen gemeinsamen Traum ...

Die Zeit ist günstig für die Verwirklichung der Ansprüche Ungarns. Preußen möchte Österreich aus „Deutschland" hinausekeln, um selbst die Vorherrschaft zu übernehmen, und das Königreich Italien will sich das letzte österreichische Stück auf dem „Stiefel" – Venetien – einverleiben. Das bedeutet Krieg.

Wir schreiben das Jahr 1866. Der Kaiser versucht sich wieder einmal als nicht gerade erfolgreicher Diplomat. Er macht Frankreich ein hübsches kleines Geschenk: Es bekommt ein nettes Packerl mit einem noch viel netteren Inhalt: Die Provinz Venetien wird Frankreich auf dem Silbertablett serviert. Ja, und weiterschenken darf es das Packerl auch noch, und zwar an Italien. Bevor noch ein Schuß fällt, verschenkt der Kaiser so mir nichts, dir nichts eine ganze Provinz! Verzweifelt kämpfen österreichische Soldaten in Italien um ein Stück Land, das der Kaiser schon längst verschachert hat. Und was bekommt er dafür? Wird Frankreich Österreich im Krieg gegen Preußen unterstützen? Nein, Frankreich verpflichtet sich nur, neutral zu bleiben. Na toll, kann man dazu nur sagen, toll für Frankreich und Italien!

Hart und verlustreich sind die Kämpfe auch im Norden gegen die Preußen. Mit ihrem Zündnadelgewehr, mit dem mehrere Schüsse hintereinander abgefeuert werden können, sind sie den Österreichern weit überlegen, und sie nähern sich bedrohlich Wien. Elisabeth flüchtet mit ihren

Kindern nach Budapest. Ausgerechnet nach Ungarn, spottet man am Wiener Hof. Mit diesem äußerst geschickten Schachzug beweist Elisabeth diplomatisches Gespür: Sie vermag in Ungarn Gruppen, die beabsichtigen, sich mit Hilfe Preußens von Österreich loszulösen, Einhalt zu gebieten. Denn – eine Revolution in Ungarn, das hätte Österreich gerade noch gefehlt!

In Wien ist Elisabeth dem Kaiser eine große Stütze und spielt ihre Rolle als fürsorgliche Landesmutter bravourös, indem sie Kriegsverwundete besucht und diesen Mut zuspricht. Sobald sie jedoch ungarische Luft atmet, ändert sich ihre Haltung. Ida und Andrássy leisten ganze Arbeit: Die schreibfaule Kaiserin verfaßt elendslange Briefe an ihren Mann, allesamt ein einziger leidenschaftlicher Appell, den Ungarn doch endlich ihre Sonderrechte zu geben. Elisabeth wird zur lebenden Gebetsmühle. Sie nervt den Kaiser, sie erpreßt ihn, sie bedrängt ihn, bis er müde und mürbe wird. Er ist ja wirklich ein armes Hascherl. Die Preußen vor der Tür, seine Mutter strikt gegen Ungarn, seine Frau für Ungarn und zu allem Übel auch noch die Böhmen! Ihnen muß er schließlich klarmachen, daß er sich für ihre Treue mit Sonderrechten für die bösen Ungarn „bedankt". Er ist in der Zwickmühle, fühlt sich überlastet, klein und mickerig. Wie gerne hätte er sich an der starken Schulter seiner Frau ausgeweint. Seine Briefe an Elisabeth unterschreibt er nur mehr mit einem treuherzigen *„Dein treues Männchen"* oder *„Dein Mäneken"* oder *„Dein Dich ungeheuer liebender Kleiner".* Rührend, nicht?

Doch die Kaiserin bleibt hart. Ihre Zelte in Ungarn bricht sie – von Kurzbesuchen in Wien abgesehen – nicht ab, auch wenn der „Kleine" noch so jammert. Betrachtet der Kaiser seine finanzielle Situation, hat er einen weiteren Grund zu klagen: 20 Millionen Taler muß er an Preußen als Ablöse für seinen Truppenabzug zahlen. Sparen ist angesagt, Arbeitslosigkeit die Folge. Betrachtet Franz Joseph die politische Lage des Landes, müßte sein Gejammer zu einem verzweifelten Schluchzen anwachsen: Österreich muß die deutsche Staatenfamilie verlassen, und Venetien gehört nunmehr zu Italien. Es bedarf schon einer gehörigen Portion Egoismus, in dieser Lage den Ankauf eines Lustschlosses in Gödöllö bei Budapest zu erwägen: Elisabeth tut es, allerdings ohne Erfolg.

Sisis Zermürbungstaktik geht schließlich auf. Der Kaiser fügt sich ins Unvermeidliche. Die Ungarn, allen voran Andrássy, dürfen sich freuen. Sie erhalten 1867 ihren „Ausgleich", und Franz Joseph wird im Gegenzug zum König von Ungarn gekrönt. Aus dem Kaiserreich Österreich wird Österreich-Ungarn, ein Doppelstaat mit zwei Hauptstädten, Wien und Budapest. Die Völker des österreichischen Teils gehen auch nicht leer aus: Sie bekommen endlich eine richtige Verfassung. Und weil wir gerade beim Geschenkeausteilen sind – Franz Joseph hat sich auch eine Belohnung verdient: Der Weg ins Ehebett kann wieder schrankenlos passiert werden, auch auf die Gefahr hin, daß „etwas passiert": Elisabeth stellt ihren Luxuskörper für das Austragen eines weiteren Kindes zur Verfügung. Der Kaiser ist selig, bekommt er doch selten liebevolle Briefe von seiner Frau aus Budapest:

„Mein geliebter Kaiser! Auch heute bin ich doch sehr traurig, ohne Dich ist es unendlich leer hier. Jede Minute glaube ich, Du mußt hereinkommen oder ich zu Dir eilen. Doch hoffe ich bestimmt, daß Du bald zurückkommst, wenn nur am 5. die Krönung stattfinden möchte."

Die Krönungsfeierlichkeiten sind ein einziger Triumph für Elisabeth. Prunkvoll sind sie, und kompliziert ist ihr Zeremoniell, das wie ein Theaterstück geprobt wird. Für den Kaiser und die Kaiserin ist die Etikette etwas durchaus Vertrautes, aber für andere wird sie zum Problem. Ein Bischof zum Beispiel kann sich den Ablauf einfach nicht merken. Nervös ist er, ob des würdigen Anlasses. Die Folge sind fatale Blackouts. Seine Aufgabe ist es, die Kaiserin vom Betschemel zum Altar zu geleiten. Bekommt er vom Zeremonienmeister seinen Einsatz, fühlt er in seinem Kopf eine gähnende Leere und weiß nicht mehr, was zu tun ist. Doch er hat Glück! Kein Geringerer als der Kaiser spielt seinen Nachhilfelehrer. *„Sagen S', Herr Bischof, was haben*

Sie denn jetzt zu tun?" fragt er ihn. Wie ein braver Schüler ratscht der Bischof den entsprechenden Absatz aus dem Zeremoniell herunter. *„Na bravo! ... also schauen S', dorten ist s', die Kaiserin, jetzt gehen S' hin, nehmen Sie s' und bringen Sie s' her"*, antwortet Franz Joseph in perfektem Ungarisch. Mit Eljenrufen, Hochrufen, feiern die Versammelten ihren wahrhaft ungarischen König. Muß das ein herrliches Gefühl für den Kaiser sein, endlich einmal wieder bejubelt zu werden!

Besonders würdevolle Ereignisse entbehren oft nicht einer gewissen Komik. Auch während der Krönungsfeierlichkeiten kommen humorvolle Menschen voll auf ihre Rechnung.

Paßt die Krone nun auf den Kopf des Königs, oder ist sie ein bißchen zu klein oder vielleicht doch zu groß? Probleme, die jeder Hutkäufer bezüglich der Paßform der Kopfbedeckung hat, bewegen auch das königliche Paar vor dem großen Ereignis. *„Ihre erste Frage an ihn war, ob ihm die Krone passe und nicht zu groß sei, worauf sich der König sofort in das anstoßende Gemach begab, um hinter der halboffenen Tür alle mögli-*

Elisabeth als Königin von Ungarn in ihrem Krönungskleid. Sehr gut kann man ihre „Steckbrieffrisur", die komplizierte Kronenfrisur, erkennen.

chen Kopfbewegungen zu machen, wobei die herabhängenden kleinen Schnüre hin und her flogen, was sehr lustig aussah", findet eine anwesende Gräfin.

Der überaus prunkvolle, bunte Festzug ist eine luxuriöse Leistungsschau der ungarischen Adligen hoch zu Roß: Smaragdschmuck mit Steinen in der Größe von Hühnereiern, kostbarstes silbernes Zaumzeug, bunte Nationalkostüme werden gesichtet. Wer sich so richtig amüsieren will, muß nur warten, bis die Bischöfe vorbeireiten. Der eine oder andere Bischof kann sich nur mühsam auf einem Pferd halten. Man muß ihn richtiggehend auf das Pferd binden, um einen originellen Abstieg – kopfüber – zu verhindern:

„Wenn nun vollends ein Gaul durch das Lärmen und Schießen in Aufregung oder gar ein loser Sattelgurt ins Rutschen geriet, so umklammerte mancher dieser Reiter angstvoll den Hals seines Tieres, wobei dann auch die turmhohe Tiara (Bischofsmütze), *die sein Haupt schmückte und die gleichfalls vorsichtshalber unterm Kinn angebunden war, am Nacken baumelte, was zur Erheiterung des spalierbildenden Publikums nicht wenig beitrug."*

Die Krönungsgeschenke werden ausgeteilt: Der König beschenkt Ungarn, indem er politische Gefangene freiläßt – diese bekommen ihre Besitztümer zurück – , und übergibt der ungarischen Armee das Krönungsgeschenk von 100 000 Gulden für ihre Witwen, Waisen und Invaliden. Das ist um so erstaunlicher, wenn man bedenkt, daß diese Truppen während der Revolution von 1848/49 gegen die kaiserliche Armee marschierten. Das Geschenk der Ungarn an das Königspaar ist auch nicht zu verachten: Schloß Gödöllö wird ihm auf einem Silbertablett serviert. Elisabeth hat sich ein kleines Zusatzpräsent überlegt: Sie möchte Ungarn einen König gebären. Doch leider bringt sie im Jahre 1868 in Gödöllö „nur" ein Mädchen zur Welt: Marie Valerie, das ungarische Kind. Wer wohl der Vater des „Ausgleichskindes" ist? fragt man sich in Wien. Die Gerüchteküche brodelt wieder einmal ganz

Schloß Gödöllö

Dem ungarischen Königspaar wird
von den Würdenträgern gehuldigt.
Rechts vorne ist Graf Andrássy zu sehen.

gehörig: Ist doch klar, Andrássy ist der Vater. Sehr intensive Verhandlungen
müssen das gewesen sein, mit recht passablen Ergebnissen!

Darf man dem Gerede Glauben schenken? Nein! Die beiden sind
zwar ineinander verliebt, und sie genießen ihre gegenseitige Verehrung, sie
himmeln einander geradezu an, aber das ist dann auch schon alles. Sex ist
für Elisabeth eine anscheinend unangenehme Pflicht. Es ist unwahrschein-
lich, daß sie sich die wunderbare Beziehung zu Andrássy damit vergällen
will. Die beiden stehen außerdem immer unter Kontrolle. Es hätte eines
großen diplomatischen Geschicks bedurft, ihre nicht gerade wohlwollen-
den Bewacher für ein intimes Treffen auszutricksen. Ihr diplomatisches
Können setzen Elisabeth und Andrássy anders ein: für ihr gemeinsames
Baby, den „Ausgleich".

Die dynamische Kaiserin an der Seite ihres schwachen Kaisers ist
dem Hof ein Dorn im Auge. Als auch noch eine liberale, fortschrittliche
Regierung mit Andrássy als Außenminister eingesetzt wird, wittert man die
Gefahr einer nachhaltigen Beeinflussung durch die Kaiserin. Man setzt
Elisabeth auf ein Abstellgleis und beschränkt ihre Aufgaben auf ihre „Lieb-
lingsbeschäftigung", das Repräsentieren.

Elisabeth wird am Hof zunehmend isoliert, und wegen ihrer
Bevorzugung Ungarns ist sie als Kaiserin nicht gerade beliebt. Ihre Verach-
tung für die „Kerkerburg" Wien zeigt sie in aller Deutlichkeit, indem sie
Gödöllö und Bayern als Hauptwohnsitze wählt. Ihre Repräsentationspflich-

ten in Wien nimmt sie mehr schlecht als recht, die Vorteile ihrer Stellung als Kaiserin bedenkenlos wahr. Sie fühlt sich als Kaiserin außer Dienst, als Kaiserin ihres Privatlebens, die nach ihren Vorstellungen leben will. Immer wieder kuschelt sie sich in Possenhofen in ihre heile Kinderwelt zurück. Nächtelang tratscht sie mit ihren Schwestern. Ihrem Sohn Rudolf schildert sie das Idyll des abendlichen Vorlesens im Familienkreis: Dann erscheint *„Onkel Mapperl mit einem Pack Bücher, dauert es lang, so schläft alles ein, wir bespritzen Sophie mit Wasser, damit sie recht bös wird, und das ist die einzige Unterhaltung".*

Bald zeigen sich aber wieder die Allüren der Kaiserin. Schloß Possenhofen ist auf die Dauer zu klein. Elisabeth reist schließlich mit einem aus über 60 Personen bestehenden Gefolge. Das Hotel Strauch in Feldafing am Starnberger See wird zu ihrem neuen Teilzeit-Zuhause. Es versteht sich von selbst, daß sich die Kaiserin nicht mit einem kleinen Zimmer begnügt: Das ganze Hotel wird gemietet. Auch Umbauten sind vonnöten, um Ihre Hoheit zufriedenzustellen. Naja, ein paar Kleinigkeiten werden verändert: Turnzimmer, Wendeltreppe, Küche, Stallungen und einige Villen für Gäste fehlen. Was tut man nicht alles, um die Kaiserin bei Laune zu halten!

Großes Pech hat der Pfarrer des Ortes. Er muß für die Dauer des Besuches Ihrer kaiserlichen Hoheit seinen gemütlichen Pfarrhof überlassen. Warum? Anscheinend sind die Räume des Hotels nicht groß genug, um die Haarflut der Kaiserin während der Waschprozedur in voller Länge aufzunehmen. Für das Frisieren, das Waschen der Haare und Fechten hat sie den Pfarrhof vorgesehen. Im stillen Garten des Pfarrhofes möchte sie in einer Hängematte ruhend mit der Seele baumeln. Ihr Wunsch ist allen Befehl: den Dienern, die tagtäglich besonders gutes Wasser in Kübeln heranschaffen müssen, oder den Knechten, die aus einem Kuhstall einen sterilen Operationssaal für die „Operation Frischmilch" machen. Des Abends geruht Ihre Majestät kuhwarme Milch zu trinken, und dafür benötigt sie auch eine geeignete Umgebung: einen blankpolierten Kuhstall. Wünscht die Kaiserin ein Bad im Starnberger See zu nehmen, sieht sie sich nicht genötigt, um ein Plätzchen an der Sonne zu kämpfen, nein, das gesamte Strandbad steht ihr zur Verfügung. Keine Chance, einen Blick auf den wohlgeformten Körper Ihrer Majestät zu werfen, läßt sich ergreifen, denn die Umgebung der Strandbades wird zur paparazzifreien Zone erklärt, im Klartext: sie wird abgeriegelt. Der Normalbürger hat Schwimmpause.

Nach der Geburt ihrer jüngsten Tochter Marie Valerie vergönnt sich die Kaiserin eine Babypause ohne Streß, das heißt in ihrem Fall ohne Repräsentationszwänge. Kritik wird laut, als sie ihre „Karenzzeit" etwas überzieht. Notgedrungen muß sie wieder ihrem Job als Kaiserin nachgehen. Zuweilen kann Repräsentation als Provokation auch Spaß machen. So fühlt sich die Hofgesellschaft in einen Alptraum versetzt, wenn nämlich die schöne Kaiserin in fünffacher Ausfertigung in Erscheinung tritt. Dann sind Elisabeths Schwestern bei der Kaiserin auf Besuch. Sie gleichen sich wie ein Ei dem anderen.

Ein gemeinsames Essen mit dem Kaiserpaar von Frankreich anläßlich eines Treffens in Salzburg im Jahre 1867 verläuft sehr ruhig, der Gesprächsstoff geht schnell aus, peinliche Stille macht sich breit. Plötzlich kommt Bewegung in die Gesellschaft. Das Besteck der Kaiserin Elisabeth fehlt. Wurde es gestohlen, fiel es vom Tisch? Ein verzweifeltes Suchen beginnt. Gesprächsstoff gibt es plötzlich genug! Die Lösung des Rätsels ist überraschend: Napoleon III. ist ein begnadeter Taschenspieler. Wird ein gesellschaftliches Ereignis zu fad, setzt er seine Kunst ein. Mit Erfolg, wie man sieht!

Wortlos unterhalten sich die schöne Kaiserin Eugénie von Frankreich und ihre Schönheitskonkurrentin aus Österreich bei einem besonderen Vergnügen: Nach dem Motto: „Spieglein, Spieglein, an der Wand, wer hat die schönsten Wadeln im ganzen Land?" werden sie dabei ertappt, als sie ihre Waden abmessen. Wer die schlankesten hat, behalten sie wohlweislich für sich.

Zwischendurch spielt Elisabeth die Rolle der Landesmutter, was nicht allzu oft vorkommt, und besucht Kranken- oder Waisenhäuser. Sie ist

Hofball im Jahre 1886 im Zeremonien-
saal der Wiener Hofburg. Elisabeth
sitzt neben ihrer Schwiegertochter
Stephanie, die sich kühle Luft zufächert.
Im Ballgewühl kann man auch
Kronprinz Rudolf und Kaiser Franz
Joseph erkennen.

nicht auf Publicity aus, sie will nicht am nächsten Tag in der Zeitung stehen, wenngleich es für ihr Image sehr gut wäre. Nein, sie erscheint unangemeldet. Hilft mit Geld und ermunternden Worten, nimmt Kostproben aus
den Küchen und findet vor allem immer den richtigen Ton im Gespräch mit
einfachen Leuten. Sie kommt ungemein gut an!

Grotesk ist ihre Vorliebe für Absonderlichkeiten: Besonders gerne sucht sie Irrenanstalten auf. Therapiemethoden wie das Hypnotisieren
faszinieren sie, so daß sie an einem derartigen Versuch als Zuschauerin
teilnimmt. Kurios erscheint ein Geschenkswunsch anläßlich ihres Namens-
tages an den Kaiser:

*„Nachdem Du mich fragst, was mich freuen würde, so bitte ich
Dich entweder um einen jungen Königstiger (drei Junge sind im zoologi-
schen Garten in Berlin zur Welt gekommen) oder ein Medaillon. Am allerliebsten aber wäre mir ein vollständig eingerichtetes Narrenhaus. Nun hast
Du Auswahl genug."*

Das langweilige Palaver beim Cercle, dem Hofhalten, das Reden
um des Redens willen, haßt sie nach wie vor wie die Pest. Bestenfalls
macht sie sich lustig darüber und frotzelt mit todernstem Gesicht ihre in
steifer Etikett erstarrten Gesprächspartner. Bei einer besonderen Festivität
in der Hofburg unterhalten sich Elisabeth und Franz Joseph mit der Fürstin
Khevenhüller. Als diese zu einem Knicks vor dem Kaiserpaar ansetzt, passiert das Unglück. Sie *„trat hinten auf ihr Kleid und sass da. Der Kaiser wollte ihr helfen ... es war etwas lächerlich. Die Kaiserin sagte ihr: ‚Tiefer ging es
wohl nicht!'"*, berichtet ihr Ehemann. Die dümmlichen Gespräche der Ari-
stokratinnen gehen der Kaiserin furchtbar auf die Nerven.

Denn mein vielgeplagter Geist
Wird noch ärger jetzt belastet
Und mit Wiener Tratsch gespeist.

Hab'n ja doch die höchsten Namen
Unserer Aristokratie,
Sternkreuz – und Palastesdamen;
(Fett und meistens dumm sind sie) ...

Politik hat keinen Stellenwert mehr in ihrem Leben. Ob das ihre Entscheidung ist oder die ihres Mannes und der Hofgesellschaft, man weiß es nicht. Klar ist, daß der deutsch-französische Krieg 1870/71 an ihr spurlos vorübergeht, wenngleich Österreich eine Teilnahme erwägt. Statt dessen überwintert sie gemeinsam mit ihren Töchtern in Meran. Der Aufenthalt verschlingt Unsummen. Der Kaiser murrt, zahlt und pendelt immer wieder zwischen Wien und Meran.

Elisabeth ersetzt das nervtötende Leben am Hof immer öfter durch ein sehr ruhiges auf Reisen. Je älter sie wird, desto stärker wird ihre Menschenscheu, ihre Neigung zum Grübeln. Nur einer vermag sie wieder einmal nach Wien zu locken: Andrássy. Hält er die Anwesenheit der Kaiserin in Wien für notwendig, kehrt sie umgehend zurück. Hält er es für nötig, die Beziehungen zu Deutschland zu stärken, nimmt Elisabeth, plötzlich ganz brave Kaiserin, unverzüglich Kontakt auf.

In Krisensituationen zeigt die übersensible Kaiserin oftmals eine erstaunliche Ruhe und Gelassenheit. Unzählige Stunden verbringt sie am Sterbebett ihrer Rivalin Sophie. Schwer und langsam stirbt die Erzherzogin. In ihren letzten Jahren lebt sie nur mehr rein körperlich. Innerlich ist sie schon fünf Jahre zuvor gestorben, in dem Augenblick nämlich, als die Nachricht vom Tod ihres Lieblingssohnes Maximilian eintrifft. Der jüngere und begabtere Bruder Franz Josephs will Karriere machen. Er möchte nicht sein Leben lang die Nummer zwei sein und nach der Pfeife seines unfähigen Bruders tanzen, er will mehr. Als ihm der Thron von Mexiko angeboten wird, greift er zu, gedrängt von seiner ehrgeizigen Gattin Charlotte, ohne wirklich zu wissen, worauf er sich da einläßt. Kurz und gut, eine Revolution bricht aus, Maximilian wird hingerichtet, Charlotte wahnsinnig. Mit ihm stirbt das Herz seiner Mutter. An ihrem Sterben nimmt der gesamte Hofstaat teil. Geburt und Tod sind nichts Intimes, das Krebsgeschwür des Zeremoniells macht nicht einmal davor halt. Elisabeths Hofdame Marie Festetics spöttelt über das öffentliche Dahinscheiden Sophies:

„Der ganze Hof war versammelt, Minister des k. Hauses, Hofstaat. nein! Das war gräßlich ... das Warten ist peinlich! Dann bekamen alle Hunger, der Tod wollte nicht eintreten. Nein! ich vergeße das nie; bei Hofe ist alles anders wie bei anderen Leuten, das weiß ich, aber das Sterben ist keine Ceremonie – der Tod keine Hofcharge ... eine Stimme sagt ziemlich laut: ‚die höchsten Herrschaften begeben sich zum Diner.‘ Es klang fast lächerlich – und dann wurden alle übrigen freigesprochen und liefen davon."

Eine läuft nicht davon: Elisabeth. Egal wie gut oder schlecht ihr Verhältnis zu Sophie war, sie harrt aus, sie steht ihr bei bis zum bitteren Ende. Doch der Wettkampf Schwiegermutter gegen Schwiegertochter überdauert sogar den Tod. Die beleidigenden Worte: *„Wir haben jetzt unsere Kaiserin begraben"* werden Elisabeth zugetragen.

Ein Großereignis zieht im Jahr 1873 ganz Wien in seinen Bann: die Weltausstellung. Gekrönte Häupter aus aller Herren Länder pilgern in die Donaumetropole. Für das Kaiserpaar bedeutet dies Streß, voller Einsatz, Bälle, Diners. Stundenlange Besichtigungen der Ausstellung in der sogenannten Rotunde im Prater erfordern eine fast übermenschliche Disziplin. Der Kaiser hat sie, Elisabeth macht nach einiger Zeit schlapp. Sie hat einen guten Grund: die Regelblutung. Es dürfte sich aber um die längste Menstruation der Menschheitsgeschichte handeln, da Elisabeth so mir nichts, dir nichts einen kleinen Erholungsurlaub in Ischl an die Zeit ihres Unwohlseins anschließt. Sie läßt den Kaiser einfach im Stich.

Die Rotunde im Prater

Franz Joseph fügt sich, nicht jedoch ein Herrscher, der in seinem unkonventionellen Auftreten der Kaiserin Konkurrenz machen könnte: Nasr-es-Din, der Schah von Persien. Er besteht darauf, die Hauptattraktion der Weltausstellung, die wunderschöne Kaiserin, zu besichtigen. Sein Ultimatum macht das schier Unmögliche möglich: Er weigert sich, Wien zu verlassen, ohne die Herrlichste aller Frauen beäugt zu haben. Er will sich sein Recht „erwohnen". Der orientalische Herrscher fühlt sich als „Mittelpunkt des Weltalls", und so ist es für ihn ganz natürlich, daß sein Wille geschehe. Die Kaiserin wird bekniet, nach Wien zurückzukehren. Und das mit gutem Grund: Der eigenwillige Lebensstil des Schah bringt die Organisatoren der Weltausstellung in arge Schwierigkeiten. In Laxenburg, wo Seine Herrlichkeit zu wohnen geruht, werden ein offener Herd für das Grillen von Schafen, eine Schlachtbank und auf dem Parkettboden eine Feuerstelle für seine Spezialpfeife eingerichtet. Den Tag beginnt der Schah auf sehr originelle Art und Weise: Er ist es gewohnt, bei Sonnenaufgang drei Hühner zu schlachten, also erhält Laxenburg einen Hühnerstall. Der Schah ist der Schrecken aller Protokollchefs, weil er so unpünktlich ist: Stehen die Sterne ungünstig, verschiebt er einen Termin um Stunden. Durch angebliches „Unwohlsein" ertrotzt er sich eine Audienz bei der Kaiserin.

Läßt sich daraus nicht eine gewisse Seelenverwandtschaft mit der allerliebsten Herrscherin von Österreich ableiten?

Ein Wunder geschieht, die Märchenkaiserin erscheint. Der Schah kommt ganz auf seine Rechnung:

Im Jahre 1873 feiert Franz Joseph sein 25jähriges Regierungsjubiläum. Im offenen Wagen nehmen der Kaiser und der Kronprinz auf der festlich beleuchteten Ringstraße in Wien die Huldigungen entgegen. Die tief verschleierte Kaiserin folgt in einem geschlossenen Wagen. Niemand kann ihr Gesicht erkennen.

„Er blieb ganz paff vor Ihr stehen, nahm seine goldnen Augengläser hervor und schaute sie ganz ruhig vom obersten Lockerl bis zum Fußspitzel herunter an – ‚ah que'elle est belle' (welche Schönheit) *fuhr ihm heraus."*

Die Zeitungen berichten von diesem ungewöhnlichen Treffen:

„Als Nasr-ed-Din der Kaiserin gegenüberstand, soll er von einer Schüchternheit und Befangenheit gewesen sein, die man nie zuvor an ihm bemerkte, und während der Stunde, die die Monarchin ihm vergönnte, an ihrer Seite zu bleiben, soll er von fast knabenhafter Scheu in jeder Bewegung und jedem Wort gewesen sein."

Die Kaiserin amüsiert sich königlich. Ein kurioser, provokanter Typ, der sich dem Hofzeremoniell elegant widersetzt, kann nur die Sympathien Elisabeths gewinnen.

Weniger aufgeschlossen und bereit, sich anstarren zu lassen, ist die Kaiserin während der Feierlichkeiten zum 25jährigen Regierungsjubiläum Franz Josephs. Durch die festlich beleuchtete Stadt lassen sich der Kaiser und sein Sohn in einem offenen Wagen kutschieren, die tief verschleierte Kaiserin bevorzugt einen geschlossenen. So erlebt der Durchschnittsbürger die kaiserliche Familie sozusagen bei der Arbeit. Wie lebt es sich nun innerhalb der allerhöchsten Familie?

Gemütlich kann man das private Leben der kaiserlichen Familie nicht nennen, ruhig ist es, denn die Familienmitglieder haben einander nicht viel zu sagen. Bei gemeinsamen Diners, Familienfesten, wie Weihnachten oder Geburtstagen, zeigt es sich, wie fremd sie einander sind. Kaum begonnene Gespräche versiegen im Nu, Verlegenheit macht sich breit. Mit einem Wort: peinlich sind die raren Zusammenkünfte der Familienmitglieder. Das ist aber kein Wunder. Sie sind das Zusammenleben nicht gewohnt: Jedes Familienmitglied lebt in einer eigenen Wohnung, hat seinen eigenen Hofstaat. Die Wohnungen des Kaisers und der Kaiserin befinden sich in der Hofburg auf derselben Ebene. Dennoch ist die Tür zur Wohnung Elisabeths meist verschlossen. Ja, nicht nur das! An der Eingangstür befindet sich eine Glocke. Will der Kaiser seine Frau sehen, läßt er läuten. Nicht selten bekommt er eine Abfuhr. Die Kaiserin ist unpäßlich, heißt es dann. Ein Glücksfall ist es, wenn Elisabeth überhaupt anwesend ist und nicht in Gödöllö, in Possenhofen, auf Madeira, in Griechenland ...

Gibt es Streit und wird dem Kaiser aus diesem Grunde der Eintritt ins Allerheiligste verwehrt, wissen das binnen kürzester Zeit alle, bis zum niedrigsten Hofbediensteten. Nichts bleibt geheim. Anvertrauen kann sich Sisi nur ihren geliebten Hofdamen, die mehr als nur Bedienstete, die Freundinnen sind. In Wien bilden diese im eigentlichen Sinne die Familie für die Kaiserin. Hier findet sie Verständnis, Liebe, Zuneigung und Verehrung. Zur Familie gehören noch Marie Valerie, die *Einzige*, und die riesigen Hunde, die Elisabeths Wohnung unsicher machen. Der Kaiser haßt die großen Viecher in der Wohnung.

Einen besonderen Spielgefährten erhält Valerie in der Person eines jungen verkrüppelten Schwarzen, der von zwergenhaftem Wuchs ist. Er wird Rustimo gerufen.

! *RUDOLPH RUSTIMO*
ist das Geschenk eines orientalischen Herrschers an Elisabeth. Rustimo, anfangs der
deutschen Sprache kaum mächtig, löst in seinen Pluderhosen und mit seinem roten Fez
am Hofe große Verwunderung aus, obwohl er bei offiziellen Anlässen eine sehr elegante
Erscheinung darstellt.
Es gilt jedoch im Hause Habsburg als unpassend, mit Heiden in persönlichen Kontakt zu
treten. Deshalb läßt man ihn auf den Namen Rudolph taufen, der Kronprinz ist sein Taufpate.
Als ihr Spielgefährte findet man ihn auch auf Spaziergängen an Marie Valeries Seite. Die
Begeisterung ihrer Hofdamen hält sich in Grenzen, ja er löst bei diesen sogar Furcht aus.
Während Elisabeths Sommerfrische in Feldafing in Bayern besucht Rustimo die Dorfschule.
Seine Schultasche wird ihm von einem Diener nachgetragen, der ihn auch vor den ihn
hänselnden Mitschülern schützen muß.
Er bleibt bis 1890 im Dienste der Kaiserin, deren Gunst ihn – wie ihm vorgeworfen wird –
überheblich werden ließ. In der Versorgungsanstalt Ybbs stirbt er 1892.

Haßt Franz Joseph eigentlich prinzipiell das, was Elisabeth liebt? Nein, nur
versteht er das meiste, ihre *„Wolkenkraxeleien"*, wie er es nennt, nicht: ihre
Versponnenheit, die Liebe zur Literatur, ihre Verehrung für Shakespeare
und Heine, ihre eigenen dichterischen Versuche in späteren Lebensjahren.
Damit kann der nüchterne, hausbackene Kaiser nichts anfangen. Akten,
Paraden, Jagden sind die Eckpfeiler seiner Welt. Was verbindet die beiden?
Die Liebe zur Natur, zum Reiten und ihre Liebe zueinander in den ersten
Jahren ihrer Ehe. Elisabeths Liebe zu Franz Joseph stirbt aus den schon
erwähnten Gründen, dennoch mag sie ihn. Und der Kaiser? Ja, der Kaiser ist
lebenslänglich verliebt in seine „Engelssisi" und ihr größter Verehrer. Für
jede ihrer Eskapaden hat er Verständnis, ohne wirklich zu verstehen, und er
freut sich geradezu hündisch über jeden noch so kleinen Gunstbeweis.

Rücksichtsvoll und anspruchslos erträgt das *„einsame Männ-*
chen" Elisabeths Launen.

Ich brauch die Zeit nicht zu nennen,
Die uns so innig einst vereint,
Und die wir nie vergessen können,
So endlos fern sie jetzt auch scheint.

Gedenkst du jener süssen Stunden,
Wo ich aus willenlosem Leib
Die Seele dir geküsst vom Munde,
Dass sie fortan stets mein nur bleib?

Wohl hatt' ich Kämpfe zu bestehen,
Und manches bittre Leid seither;
Doch unsre Liebe sterben sehen,
Nichts andres traf mein Herz so schwer ...

Sind die beiden einander treu? Der Kaiser geht körperlich, die Kaiserin geistig fremd – und fremd sind sie auch einander: Lebensglück können sie sich
gegenseitig nicht geben. Eine schöne, geheimnisumwobene Frau wie Elisabeth muß doch Verehrer in Hülle und Fülle haben, mutmaßt man: Der
Kaiserin werden einige Verhältnisse angedichtet.

Bei einem einzigen Flirt wird die Kaiserin von sich aus aktiv. Am
Faschingsdienstag des Jahres 1874 besucht Elisabeth gemeinsam mit ihrer
Hofdame Ida Ferenczy einen Maskenball – unerkannt, versteht sich. In
einen gelben Kapuzenmantel, einen Domino gehüllt und mit einer Maske
vor dem Gesicht, begibt sie sich auf die Pirsch nach einem feschen Flirt-
partner. Der Erwählte ist Friedrich Pacher von Theinburg, ein 26jähriger
Beamter. Ida redet ihn an und reicht ihn, ganz ergebene Dienerin, an Elisabeth weiter. Mühsam bahnt sich ein belangloses Gespräch zwischen den
beiden an. Unvermutet fragt der gelbe Domino:

„ ... ich bin hier in Wien ganz fremd, sag mir: Kennst du die
Kaiserin, wie gefällt sie dir und was spricht, was denkt man über sie?"

Mein Gott, warum stellt sie sich bloß so dumm an, oder will sie
sich verraten? Fritz Pacher wittert eine Sensation: Die Kaiserin von Österreich sucht einen kleinen Flirt mit ihm. Brav antwortet er:

„*Die Kaiserin, die kenne ich ja natürlich nur vom Sehen, wenn sie in den Prater fährt, um dort zu reiten. Was man von ihr denkt? Man spricht eigentlich nicht viel von ihr, weil sie nicht gerne in der Öffentlichkeit hervortritt, sich nicht gerne sehen läßt und sich vor allem mit ihren Pferden und Hunden beschäftigt. Sonst wüßte ich nichts zu sagen, vielleicht tut man ihr Unrecht. Jedenfalls ist sie eine schöne Frau.*"

Jetzt wird es peinlich, denn der gelbe Domino fragt seinen Kavalier, wie alt er sie schätze. Der Frechdachs erdreistet sich, das wahre Alter der Kaiserin, nämlich 36 Jahre, anzugeben. Uii, das war ein Fehler, ohne Zweifel, sicher an die zehn Jahre zuviel für die Eitelkeit Elisabeths! Gar nicht ladylike ist die Antwort Ihrer Majestät: „*So, jetzt kannst du abfahren!*" So kann sie sich unter Normalsterblichen nicht aufführen, das macht ihr der kleine Beamte deutlich: „*Das ist aber wirklich liebenswürdig. Zuerst läßt du mich zu dir heraufkommen, quetscht mich aus und gibst mir dann den Laufpaß.*" Kompliment, jetzt hat er es ihr aber so richtig gegeben. Diesen Tonfall ist Ihre Hoheit wohl nicht gewohnt. Doch wie so oft imponiert ihr gerade diese schroffe, offene Art, mit ihr zu verfahren, und sie lenkt ein: „*Gut, du kannst bleiben, setz dich und dann führe mich hinunter in den Saal.*" Der Bann ist gebrochen. Die beiden lustwandeln – in Gespräche vertieft – durch die Ballsäle. Um Gott und die Welt oder präzise um Hunde und Heine dreht sich die nun munter dahinplätschernde Unterhaltung der beiden. Eine interessante Frau, denkt sich Friedrich Pacher. Ist es die Kaiserin? Der elegante, gelbe Domino erregt Aufsehen. Ist sie es – oder doch nicht? So mancher Bekannter der Kaiserin mischt sich unter die Ballgäste. Es ist ein angenehmer Abend, aber es wäre nicht Elisabeth, hätte sie nicht etwas zu bejammern: „*Ja, die Menschen! Wer sie kennengelernt hat wie ich, der kann sie nur verachten, diese Schmeichler.*"

Unangenehm ist ihr das Gedränge in der Menschenmenge. Na klar, taucht die Kaiserin auf, heißt es normalerweise flott beiseite zu treten, um die hohe Frau vorbeizulassen. Nun ist sie eine unter vielen. Keinen Millimeter Haut läßt die Kaiserin sichtbar werden, nicht einmal die Handschuhe zieht sie aus. Die Neugier übermannt Friedrich Pacher: Beim Abschied versucht er vergeblich, das Kinn der geheimnisvollen Dame – sie nennt sich Gabriele – freizulegen. Ida schreit auf, sie ist außer sich vor Angst, man könnte die Kaiserin erkennen. Die beiden Damen entschwinden in einem Fiaker.

Die Geschichte hat noch ein Nachspiel: Briefe werden ausgetauscht, mögliche Treffen vereinbart, Gedichte verfaßt. Der harmlose Flirt beschäftigt die Kaiserin sage und schreibe dreizehn Jahre lang. Nun kann man sich vorstellen, wie langweilig es Elisabeth ist, daß sie eine so kleine Geschichte zu einem Liebesabenteuer aufplustert. Ähnlich empfindet sie sogar noch als Fünfzigjährige, als sie ein junger Mann mit Liebesbriefen bombardiert. Eine kurze Kutschenfahrt alleine mit Andrássy – den man ohne Zweifel als die große Liebe ihres Lebens bezeichnen kann – wird zu einem intimen Ereignis hochgespielt. Ihre Gefühlswelt gleicht der eines jungen, unerfahrenen Mädchens. In ihren Gedichten vergleicht sie sich häufig mit der Feenkönigin Titania aus Shakespeares „Sommernachtstraum", die sich in einen Mann mit Eselskopf verliebt. Nicht gerade schmeichelhaft fällt dieser Vergleich für ihre Verehrer aus. Jedes ihrer Schlafzimmer wird mit Motiven aus ihrem Lieblingstheaterstück geschmückt. Elisabeth genießt es, verehrt, ja angebetet zu werden, spannt ihre Verehrer auf die Folter, um sie schließlich wie eine heiße Kartoffel fallen zu lassen. Erfüllung in der Liebe zu einem Mann findet sie wohl nie.

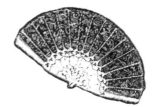

> Nur ich, die schier wie Verfluchte,
> Ich Feenkönigin,
> Ich find nie das Gesuchte,
> Nie den verwandten Sinn ...

Mit einem Mann hat Elisabeth nur eine rein geistige Beziehung: mit ihrem „Königsvetter" Ludwig II. von Bayern. Sexualität spielt dabei keine Rolle.

Die 28jährige, am Fenster stehende Kaiserin lächelt! Das kommt äußerst selten vor. Sie ist auf Besuch bei ihrer Familie in München.

Die beiden schwimmen einfach auf derselben Wellenlänge. Melancholisch sind sie, menschenscheu, lieben die Abgeschiedenheit und hassen ihr höfisches „Korsett" – Wittelsbacher eben. Beide sind von berückender Schönheit. Ihre schwärmerischen Seelen finden auf der Roseninsel im Starnberger See Zuflucht vor der Wirklichkeit. Ludwig verehrt seine verheiratete Cousine und verlobt sich mit deren Schwester. Die Verlobung platzt, Ludwig hat andere Vorlieben. Elisabeth spürt die geistige Verwandtschaft mit ihrem Vetter, um so schlimmer trifft es sie, daß immer deutlichere Anzeichen beginnenden Wahnsinns bei ihm bemerkbar werden. 1886 wird Ludwig für geisteskrank erklärt, Elisabeth kann sich damit nicht abfinden. Unter geheimnisvollen Umständen ertrinkt er kurze Zeit danach im Starnberger See. Elisabeths Geisteszustand nimmt infolgedessen bedenkliche Formen an: Ludwigs Geist soll ihr sogar erschienen sein.

Die Bedürfnisse Franz Josephs sind viel leichter zu erfüllen, allerdings nicht von einer Frau. Dazu bedarf es doch mindestens dreier Frauen: eine fürs Bett, eine fürs Herz und eine ferne, verehrte Geliebte.

In den achtziger Jahren besteht die kaiserliche Dreieinheit aus Anna Nahowski, Katharina Schratt und der Kaiserin.

Anna Nahowski ist ausschließlich für die sexuellen Bedürfnisse zuständig; geliebt wird sie vom Kaiser nicht. Ihre Dienste werden sehr gut bezahlt. Der Kaiser finanziert den Kauf einer Villa mit Park, der Schönbrunner Schloßmauer gegenüber. Hier leben Anna, ihr Ehemann und deren Kinder. Na ja, einige der Kinder dürften wohl den kaiserlichen Lenden entsprungen sein. Keimt in Franz Joseph ein bestimmtes Verlangen, so zückt er seine Geheimschlüssel, öffnet damit das Tor zur Schloßmauer, hierauf das Tor zur Gartenmauer der Nahowski-Villa und landet direkt in Annas Armen. Als das Verhältnis nach fast 14 Jahren vom Kaiser beendet wird, erhält die Gute eine Abfertigung von nicht weniger als 200 000 Gulden, das sind immerhin 25 Millionen Schilling.

Katharina Schratt, eine Burgschauspielerin, ist des Kaisers Herzensfreundin. Diese Beziehung hat eine Schirmherrin: Niemand anderer als die Kaiserin selbst dient als Kupplerin. Elisabeth hat ihrem Mann eigentlich nicht mehr viel zu sagen, ihre Ehe ist gescheitert. Sie hat keine Lust, bei ihrem armen, alten Kaiser ihn Wien zu hocken und sich mit ihm zu langweilen. Warum sollen sie sich weiterhin gegenseitig anschweigen? Sie will weg! Reisen, Lesen, Dichten, die griechische Sprache – ihre Hobbys sind ihr Lebensinhalt. Was hält sie davon ab? Das schlechte Gewissen! Sie weiß, daß sie den Kaiser genauso unglücklich gemacht hat wie er sie, und es ist ihr ein Greuel, ihn einsam und verlassen in Wien zu wissen, gebeugt von seiner Verantwortung, belastet von seinen Problemen. Kurz und gut, eine patente, warmherzige Frau muß her, die dem Kaiser das geben kann, womit sie ihn nicht beglücken kann: Entspannung in einer gemütlichen Atmosphäre bei Kaffee und Kipferl, wo nicht über hochgeistige Dinge palavert wird, sondern über Banalitäten, Tratsch und Klatsch und dies und das. Katharina Schratt ist die Richtige. Der Kaiser bewundert sie im Burgtheater und verliebt sich prompt in sie. Elisabeth greift steuernd ein. Sie läßt ein Bild von Katharina malen und schenkt es dem Kaiser; sie lädt die Schauspielerin zur Familientafel ein und erweckt in der Öffentlichkeit geschickt den Anschein, als wäre sie die Freundin von Katharina Schratt. Der Tratsch über das eigenartige Dreiecksverhältnis hält sich somit in erträglichen Grenzen. Der Kaiser ist versorgt, die Kaiserin darf reisen.

Für die Schratt zahlt sich die Freundschaft zum Kaiser auf alle Fälle aus: Um ihre sehr hohen Spielschulden muß sie sich keine Sorgen mehr machen. Der Kaiser zahlt natürlich. Alles Paletti, kann man dazu nur sagen. In den Gedichten Elisabeths freilich kommt die Freundin des Kaisers nicht besonders gut weg: Sie wird als *„dicker Engel"* bezeichnet oder auch mit der geliebten *„Kuh"* eines indischen Königs aus einer Legende gleichgesetzt. Elisabeth kann es nicht lassen: Sie muß sich über alles lustig machen und stets ein Haar in der Suppe suchen, und ohne Zweifel findet sie immer eines.

In ihrer Ehe dreht Elisabeth den Spieß um: Nicht der Mann treibt sich in der Weltgeschichte herum, während die Frau sehnsüchtig auf die Heimkehr des Abtrünnigen wartet, sondern Elisabeth ist mobil, und der Kaiser spielt die Rolle des Hüters des häuslichen Herdes, zuweilen auch der beiden älteren Kinder Gisela und Rudolf.

Kühl und distanziert ist das Verhältnis der Mutter zu Gisela und Rudolf. Die Gründe sind hinlänglich bekannt. Elisabeth verabschiedet sich trotzig von ihrer Verantwortung als Mutter. Nicht ganz! Einmal, ein einziges Mal kämpft sie um eines ihrer Kinder, um Rudolf – und sie gewinnt.

Ist Gisela ein kräftiges, mittelmäßig begabtes Mädchen, das nichts so schnell aus der Ruhe bringen kann, so ist ihr kleiner Bruder hingegen sehr intelligent, jedoch auch äußerst sensibel. Im Alter von fünf Jahren kann er sich in vier Sprachen unterhalten: französisch, ungarisch, tschechisch und natürlich deutsch. Er ist seiner Mutter sehr ähnlich: temperamentvoll, phantasievoll, zart, sehr dünn, kränklich, aber auch furchtsam und deshalb ein Kind, das liebevoll umhegt werden will. Er ist nicht so, wie sich sein Vater einen Sohn vorstellt, also kein robuster, mutiger Bub.

links: Erzherzogin Gisela.

rechts: Der dreijährige Kronprinz Rudolf in Uniform.

So verschieden Gisela und Rudolf auch sind, sie hängen dennoch zärtlich aneinander. Bis zu seinem sechsten Lebensjahr ist für Rudolf die Welt noch in Ordnung: Liebevoll wird er von der Kinderfrau Leopoldine Nischer und der Aja, Baronin Charlotte Welden, von seiner Großmutter und seiner Schwester umsorgt. Die Katastrophe bahnt sich an seinem sechsten Geburtstag an: Er wird von seiner Schwester getrennt und bekommt seinen eigenen Hofstaat, einen Haushalt, der nur aus Männern besteht. Vor allem bekommt er einen sadistischen Erzieher, Graf Leopold Gondrecourt, der den Kleinen zu einem tüchtigen Soldaten ausbilden soll. Der Kaiser billigt ihm Methodenfreiheit zu. Das Ziel ist vorgegeben: Abhärtung, Abhärtung, Abhärtung. Franz Joseph findet, man könne nie früh genug damit anfangen, der Kronprinz soll ja ein besonders guter Soldat werden. Ein Jahr lang muß Rudolf bis zur völligen Erschöpfung exerzieren, wird er bis zur seelischen und körperlichen Zerstörung gequält und unterliegt einem Drill, der jedem Straflager würdig wäre.

Der kleine Prinz wird krank. Er fiebert, hat entzündete Mandeln, Magenschmerzen, er ist schreckhaft, nervös – er ist einfach völlig überfordert. Wie reagiert seine Umgebung? Man beklagt seine schwache körperliche Verfassung. Man setzt ihn einem noch strengeren Drill aus – und man riskiert sogar seinen Tod. Man schaut zu, ohne auch nur einen Finger zu rühren: Gondrecourt handelt schließlich im Auftrag des Kaisers. Der Erzieher Joseph Latour von Thurmburg kann nicht mehr zuschauen, ihm reicht's.

Er vertraut sich der Kaiserin an. Empört stellt sie fest, daß der kleine Rudolf nahezu zum Trottel gemacht wird. Sie handelt umgehend und stellt dem Kaiser ein Ultimatum: *"... entweder geht Gondrecourt oder ich."*

!

KLEINES ABC DER ERZIEHUNGSMETHODEN

Disziplin und Härte sind die Hauptziele der Erziehung in adligen Kreisen im 19. Jahrhundert. Die Methoden sind vielfältig, doch eines haben sie gemeinsam: Sie sind sadistisch, grausam und scheinen auf die körperliche und seelische Zerstörung der Kinder ausgerichtet.

Hier eine kleine Auswahl an Disziplinierungsmaßnahmen:

BOHNEN sind zum Essen da! Nicht immer! Am belgischen Königshof lebt anstatt einer Prinzessin auf der Erbse eine Prinzessin auf der Bohne. Zu den besonders ausgefallenen Erziehungsmethoden am Königshof zählt das Knien auf Bohnen.

DOPPELTÜREN als enges, angsteinflößendes Gefängnis für Kinder sind eine „Erfindung" des Königshofs von Belgien. Stephanie, die spätere Ehefrau Kronprinz Rudolfs, verbringt Stunden darin. Verrückt vor Angst, muß sie in ihrem eigenen Kot ausharren, da ihr sogar der Weg zur Toilette verwehrt wird.

EINGESPERRT wird Rudolf von Graf Gondrecourt im Lainzer Tiergarten. Der Erzieher entfleucht durch ein Tor. Er läßt das Kind zurück. Damit es sich nicht ganz alleine fühlt, ruft er dem aus Verzweiflung weinenden Buben auch noch zu, daß ein Wildschwein ganz in der Nähe sei. Je lauter der Kleine schreit, desto mehr Angst jagt ihm der Graf ein.

ESSEN muß Ludovika, die Mutter Elisabeths, als Kind, was auf den Tisch kommt. Eines Tages weigert sie sich, eine Birne zu essen. Daraufhin hält ihr die Erzieherin die Nase zu und stopft das Obst in den Mund des Mädchens. Übelkeit verursacht ihr noch als Erwachsene allein schon der Geruch von Birnen.

EXERZIEREN bei Wind und Wetter ist das tägliche Brot des Prinzen.

KALTES WASSER wird zur Abhärtung des Kronprinzen Rudolf eingesetzt. Man übergießt ihn damit, um seine Widerstandsfähigkeit zu stärken. Vielleicht meinte man, es wäre besser, den Schnupfen zu übergehen, um gleich an einer ordentlichen Lungenentzündung zu sterben.

NADELN verwendet Ludovika, um ihre Müdigkeit zu bekämpfen. Nadeln statt Kaffee, wie macht sie das bloß? Um bei einem Hofball, zu dem man die 13jährige schleppt, nicht einzuschlafen, pikst sie sich selbst mit Nadeln.

PEITSCHEN verwendet man nicht nur zum Züchtigen von Pferden, sondern auch zur Erziehung von Kindern. Sie sind unangefochten die Nummer eins der Foltergeräte für Kinder.

PISTOLENSCHÜSSE dienen dem Erzieher Rudolfs als Wecker für seinen Zögling. Der Disziplinierung soll sich auch der schlafende Rudolf nicht entziehen: Schläft er erst mal tief und fest, weckt ihn sein Erzieher mit Pistolenschüssen.

STÜTZKORSETTE müssen junge Mädchen tragen, um eine aufrechte Haltung zu erlangen. Diese bestehen aus Eisenstangen, die man mit Leder umhüllt. Sie stützen den Rücken. Die Königin von Rumänien wird als Mädchen damit gequält. Ihre Großtante muß um den Hals auch noch ein mit Stacheln versehenes Band tragen, damit sie den Kopf nicht senken kann.

Der Kaiser lenkt ein. Gondrecourt wird entlassen und dem väterlichen Latour die Erziehung übertragen. Der Kleine ist überglücklich. Seelische Spuren der brutalen Behandlung bleiben: Alpträume quälen Rudolf. Seine Lehrer werden nur mehr nach ihren Leistungen eingestellt. Liberale Bürgerliche unterrichten den Kronprinzen nach völlig anderen Gesichtspunkten als sein Vater, der ganz im höfischen Sinne erzogen wurde. Die Vorliebe Rudolfs für Wissenschaft und Demokratie, seine Abneigung dem Adel und der Kirche gegenüber wird der Kaiser nie verstehen.

Rudolf ist ganz die Mama, und er verehrt sie wie ein zauberhaftes Wesen aus einer anderen Welt. Den einzigen politischen Kampf seiner Mutter, um Ungarn, bekommt der kleine Prinz hautnah mit. Er genießt die Zeit mit ihr in Budapest und lernt den Mann kennen, der ihm zum glühend bewunderten Vorbild wird: Andrássy, natürlich.

Kaum schenkt ihm seine Mutter etwas mehr Aufmerksamkeit als üblich, verliert er diese auch schon wieder. Konkurrenz ist im Anmarsch! Er bekommt eine Schwester, Marie Valerie. Doch nun geschieht das für ihn Unverständliche:

Seine über alles geliebte Mutter bezeichnet die Kleine als die *„Einzige",* für die sie sich entschieden habe und deren Erziehung sie alleine in Angriff nehmen werde.

„Erst jetzt weiß ich, welche Glückseligkeit ein Kind bedeutet. Jetzt habe ich schon den Mut gehabt, es zu lieben und bei mir zu behalten. Meine anderen Kinder hat man mir sofort weggenommen. Es war mir nur dann erlaubt die Kinder zu sehen, wenn Erzherzogin Sophie die Erlaubnis dazu gab. Sie war immer anwesend, wenn ich die Kinder besuchte. Endlich gab ich den Kampf auf und ging nur noch selten hinauf."

Die „Einzige" ... was kann er dafür, daß seine Großmutter darauf bestand, ihn und seine Schwester unter ihre Fittiche zu nehmen. Eifersucht regt sich in ihm! Jeder kleine Grunzer der Kleinen läßt seine schöne Mutter in Panik verfallen. Gisela hat andere Sorgen. Sie ist erst 15 Jahre alt und soll so schnell wie möglich verheiratet werden. Ihre Mutter hat es furchtbar eilig damit, so wie es auch deren Mutter furchtbar eilig hatte ... eine Frau wurde unglücklicher als die andere. Gisela ist ihr völlig egal. Sie bleibt ihr fremd. Sie ist nicht schön, sie ist mollig und sehr hausbacken, mit einem Wort – nicht so, wie sich Elisabeth eine Tochter wünscht. In ihr Schönheitsalbum findet die Arme keinen Eingang. Die Kaiserkinder sind wirklich vom Pech verfolgt: Rudolf paßt dem Vater nicht, und Gisela steht ihrer Mutter nicht zu Gesicht! Nun, die Wahl ist getroffen: Leopold, Prinz von Bayern, ist der Auserwählte. Der strahlende Mittelpunkt der Hochzeit ist – Elisabeth, die 35jährige Brautmutter. Schmerzlich und tränenreich ist der Abschied Rudolfs von seiner Schwester. Unbeeindruckt zeigt sich Elisabeth, als sie Gisela zur Großmutter macht. Kind Nummer zwei wird auf ihre sarkastische Art und Weise beschrieben: *„Das Kind von Gisela ist von seltener Häßlichkeit, aber sehr lebhaft, es schaut Gisela ganz gleich."*

Marie Valerie, das Lieblingskind, und der Lieblingshund der Kaiserin, die deutsche Dogge „Shadow".

Rudolfs einzige Vertraute am Kaiserhof verläßt diesen, der Kronprinz wird sehr einsam innerhalb der Familie. Auch seine Heirat mit Stephanie von Belgien ändert nichts daran. Für Elisabeth ist die blutjunge, etwas hausbackene Ehefrau des Kronprinzen nur das *„Trampeltier".* Vergessen sind die eigenen Probleme mit der Schwiegermutter, vergessen die Qualen der Anfangszeit ihrer Ehe. Kein bißchen Mitgefühl mit ihrer Schwiegertochter läßt sie ihre Rolle als Schwiegermutter überdenken. Und wieder wird ein erst 17jähriges Mädchen ins Unglück getrieben. Die Ehe des Kronprinzen scheint zum Scheitern verurteilt. Die beiden sind zu unterschiedlich, wie sich bald herausstellt. Rudolf gibt sich bürgerlich, seine Frau aristokratisch; er denkt fortschrittlich, sie hängt an Traditionen.

Rudolf ist ein hochintelligenter Bursche, der liebend gerne studiert hätte, doch sein Vater meint, ein Studium sei eines Kronprinzen unwürdig. Und außerdem, wozu braucht ein gestandener Soldat ein Studium der Naturwissenschaften? Eines ist von vornherein klar, Rudolfs Bestimmung ist es, der erste Soldat des Landes zu werden. Das Nein seines Vaters hält ihn jedoch nicht davon ab, seine Studien privat zu betreiben: Die Vogelkunde, die Ornithologie, ist sein Spezialgebiet. Er entwickelt sich auch ohne Universitätsstudium zum anerkannten Fachmann.

Berühmt-berüchtigt sind seine Denkschriften und Zeitungsartikel zu aktuellen politischen Themen. Er entwickelt darin dieselben Ideen wie seine Mutter: Rudolf wirft dem Adel dessen Vorrechte vor, die nicht Lohn harter Arbeit sind, und er bekennt sich zur Staatsform der Republik, sehnt sich nach einem bürgerlichen Leben und spielt schon mit dem Gedanken, Präsident einer Republik zu sein. Seine Mutter geht sogar so weit, ihr Vermögen zum größten Teil beim Bankhaus Rothschild in der Schweiz anzulegen, um für die Zeit im Exil gewappnet zu sein. Beide räumen dem Kaisertum in Österreich-Ungarn keine allzu großen Chancen für die Zukunft ein.

Daß der Kronprinz seine Schriften nicht unter seinem Namen veröffentlicht, versteht sich von selbst. Der Papa würde große Augen

Die kaiserliche Familie feiert Weihnachten in der Hofburg: Kaiserin Elisabeth, Kaiser Franz Joseph, Marie Valerie, Kronprinz Rudolf und seine Frau Stephanie sowie deren Tochter Elisabeth. Für jedes der vier Kinder steht ein Christbaum (um 1886/87).

machen! Überhaupt ist ihm Rudolf nicht ganz geheuer. Dessen liberale Ansichten sind mit den seinen nicht vereinbar. Mulmig wird dem alten Kaiser bei dem Gedanken, Rudolf auf dem Kaiserthron zu sehen, schon zumute sein. Er versucht politische Gespräche mit seinem Sohn zu vermeiden. Naja, da gibt es ja auch noch so wichtige Dinge wie die Jagd, über die man sich unterhalten kann. Er isoliert seinen Sohn, anstatt ihn als seinen Thronfolger miteinzubeziehen.

Doch nicht nur der Kaiser, auch die Kaiserin nimmt am Leben ihres Sohnes kaum Anteil. Dennoch gibt es ganz eigenartige Parallelen im Leben des Kronprinzen und dem seiner Mutter: Beide lassen in der Staatsdruckerei eigene Werke drucken, fast zeitgleich, ohne voneinander zu wissen, und nehmen sich den Dichter Heinrich Heine – Genaueres über ihn später – für ihre eigenen Werke zum Vorbild. Beide lehnen als überzeugte Liberale den neuen konservativen politischen Kurs in Österreich ab. Elisabeths Müßiggang und ihrem Glauben Geistererscheinungen gegenüber ist der Kronprinz allerdings sehr kritisch eingestellt.

Der Kronprinz wird mit seinen Problemen allein gelassen, und diese sind nicht von schlechten Eltern: seine gescheiterte Ehe, eine schwere Krankheit, seine Isolation innerhalb der Familie und im politischen Leben ...

Marie Valerie, der „Augapfel" Elisabeths, nimmt eine ganz andere Entwicklung. Die Ähnlichkeit mit ihrem Vater läßt sich weder äußerlich noch innerlich leugnen, trotz der starken Verbundenheit mit ihrer Mutter. Sie ist sehr religiös, lehnt alles Ungarische ab, ist konservativ und neigt zur Deutschtümelei. Als Marie Valerie ins heiratsfähige Alter kommt, darf sie sich einen Ehemann aussuchen, auch wenn er ein Rauchfangkehrer ist, wie ihre Mutter betont. Sie muß ihre *„Einzige"* wirklich lieben, daß sie ihr die Wahl läßt. Erzherzog Franz Salvator aus der Toskana macht das Rennen um die Kaisertochter.

Rudolf ist gegen ihre Wahl. Der Erzherzog kommt ihm nicht wichtig genug vor. Die Eifersucht des Kronprinzen auf seine kleine Schwester macht dieser und der Kaiserin angst. Wie wird er sich wohl verhalten, wenn er dereinst Kaiser sein würde? Würde er sich an seiner Schwester für die Nichtbeachtung durch seine Mutter rächen? Elisabeth meint ihr *„Täubchen"* vor dem bösen Bruder schützen zu müssen. Ihr Verhältnis zu ihm wird noch schlechter, wenn nicht gar eisig. Doch das Weihnachtsfest 1888 bringt ein familiäres Tauwetter: Marie Valerie verlobt sich. Rudolf gelobt, seiner Schwester gegenüber brav zu sein. Diese beschreibt rührselig das anscheinend veränderte Verhältnis zu ihrem Bruder:

„Unfreundlich war er aber keinesfalls und so fühlte ich mich ermuntert, zum erstenmal in meinem Leben die Arme um seinen Hals zu werfen ... Armer Bruder, er hat doch auch ein warmes, liebebedürftiges Herz, denn er umschloss und küsste mich mit der ganzen Innigkeit wahrer Bruderliebe – und wieder und noch einmal zog er mich an sein Herz, und man fühlte, dass es ihm wohltat, dass ich ihm die Liebe zeigte ..."

Auch seiner Mutter soll der Kronprinz schluchzend um den Hals gefallen sein. Sie reagiert erschrocken ...

Elisabeth überspringt tollkühn ein Hindernis.

SPORT IST MORD?

„Das Glück dieser Erde liegt auf dem Rücken der Pferde." Wenn ein Sprich-
wort auf Elisabeth zutrifft, dann wohl dieses! Zwischen ihrem 36. und 45.
Lebensjahr dreht sich im Leben der Kaiserin alles um Pferde. Geradezu verrückt ist sie nach Pferden: Sie läßt ihre Pferde malen und hängt deren Bilder in ihren Wohnungen auf oder läßt sie photographieren, um sie in Alben
zu verewigen. Ihre Freunde sind Reiterfreunde. Pferde sind das einzig interessante Gesprächsthema für sie. Die Kaiserin ernährt sich wie ein Jockey,
und sie trainiert ebenso hart wie ein Reitprofi. Hat sie nicht auch noch
einen Nebenberuf? Das vergißt sie in dieser Lebensphase sehr oft. Elisabeth
wird zur Teilzeit-Kaiserin. Repräsentieren will sie nicht, in der Politik mitreden darf sie nicht, also spielt sie die Kaiserin nur dann, wenn es sich nicht
vermeiden läßt – und es läßt sich oft vermeiden. Lästig und unnötig ist für
sie alles, was nicht unmittelbar mit dem Reiten zu tun hat. Es ist verlorene
Zeit für Elisabeth, verlorene Trainingszeit für ihr erklärtes Ziel, die beste
Reiterin ihrer Zeit zu werden.

      Schon im Kindesalter ist Sisi als schneidige Reiterin in „Possi"
und in der Manege ihres Vaters in München unterwegs. Für die erwachsene Reiterin erweitert sich „die Spielwiese" beträchtlich. Wo kann sich die
Kaiserin von Österreich als Reiterin austoben? In Gödöllö, England und
Irland!

      Schloß Gödöllö, das Krönungsgeschenk der Ungarn an das Herr-
scherpaar, ist eine Welt für sich, mit eigenen Gesetzen. Elisabeth bestimmt
in Gödöllö, „wo's langgeht", denn hier ist sie die Herrscherin, und nur ihre
Gesetze gelten: Kann jemand sehr gut reiten, ja dann hat er gute Chancen,
nach Gödöllö eingeladen zu werden; kann er es nicht, wird er nicht eingeladen, und sei er der „Kaiser von China". Die gesellschaftliche Stellung ihrer
Gäste läßt die Kaiserin kalt. Alle Regeln, die am Wiener Hof wichtig sind,

werden in Gödöllö außer Kraft gesetzt. Skandalös, kann man dazu nur sagen! Man kann sich gut vorstellen, wie sich Elisabeth über das empörte Gegacker der Damen zu Hause am Hofe in Wien amüsiert.

Anlaß zu Tratsch gibt sie mehr als genug! In Gödöllö fühlt sich Elisabeth so frei und unbeschwert, daß sie etwas ganz Ungeheuerliches macht: Sie reitet – mit Lederhosen bekleidet – im Spreizsitz auf einem Herrensattel! „Was ist denn da schon dabei!" würde man heute dazu sagen, aber zu Elisabeths Zeiten wird manch noble Dame ob dieser unzüchtigen Vorstellung vor Scham in Ohnmacht gefallen sein. Auch ihrer schönen Nichte Marie Wallersee, die oftmals zu Gast bei ihrer Tante weilt, ist dabei nicht wohl zumute:

„Ich genoß in vollen Zügen die langen Ritte mit der Kaiserin, die bisweilen einen Gefallen daran fand, sich als Knabe zu verkleiden. Natürlich mußte ich ihrem Beispiel folgen; doch ich entsinne mich noch der Scham, die mich marterte, als ich mich zum ersten Mal in Hosen sah. Elisabeth bildete sich ein, daß diese verrückte Laune in Gödöllö nicht allgemein bekannt war; in Wahrheit spricht jedermann darüber. Nur Franz Joseph, glaube ich, hatte keine Ahnung von dem, was aller Geheimnis war."

Eine Dame darf nur mit einem langen Rock bekleidet und im Damensitz reiten, das heißt, die Beine werden auf keinen Fall unzüchtig gespreizt, sondern ruhen beide meist auf der linken, manchmal auch auf der rechten Seite des Pferdes.

Zigeunermusik hört Elisabeth für ihr Leben gern, deshalb bittet sie Zigeuner als Gäste in ihr Schloß, bewirtet und beschenkt sie großzügig und nimmt es auch lächelnd in Kauf, daß so mancher Gegenstand plötzlich Flügel bekommt ...

Sie läßt in Gödöllö eine Manege errichten, wo sie die Hohe Schule des Reitens trainiert. Vielleicht denkt sie an einen Ausspruch ihres Vaters zurück: *„Wenn wir nit Prinzen wärn, wär'n mer Kunstreiter wor'n!"* Wer sind eigentlich die Trainer der Kaiserin? Zirkusprinzessinnen aus dem Zirkus Renz sind ihre Lehrmeisterinnen! Sie scheint wirklich grandiose

Fortschritte zu machen. Ihre kleine Tochter Valerie erzählt begeistert: *„ ... jetzt kann Mama auf dem Pferd schon durch zwei Reifen springen."* Das ist wieder ein Fressen für alle Klatschtanten am Wiener Hof! Das besondere Vertrauen der Kaiserin genießt die Kunstreiterin Elise Petzold, am Hof auch als Elise Renz bekannt. Ein Geschenk Elisabeths an Elise beweist dies: „Lord Byron", eine der Favoriten unter ihren Pferden. Der Zirkusdirektor, Ernst Renz, gibt Elisabeth Tips beim Pferdekauf.

Ihre Lust am Kuriosen befriedigt die Kaiserin eines Tages, indem sie siamesische Zwillinge, Negermädchen, nach Gödöllö bringen läßt. Die beiden sind die Attraktion des Zirkus. Kurzum, ein Skandal jagt den anderen. Die Kaiserin unternimmt große Anstrengungen, daß Tratsch und Klatsch am Wiener Hof immer wieder neue Nahrung erhalten.

Nichtsdestotrotz ist die Kaiserin eine außerordentlich talentierte Reiterin. Elisabeth reitet wie der Teufel – noch dazu im Damensattel. Sie nimmt es mit jedem männlichen Reiter auf. Bei Parforcejagden, Hetzjagden mit Pferden und Hunden, ist sie fast immer an der Spitze der Reiter zu finden, umschwärmt von jungen ungarischen Adligen, die ihr mit so großer Begeisterung folgen, daß so mancher Kopf und Kragen dabei riskiert. Der wunderschönen Kaiserin ganz nah zu sein, das ist dieses Opfer wohl wert. Denn eingenäht in ein knalleanges Reitkleid, das ihren Körper wie eine zweite Haut umhüllt, einen kessen Reitzylinder auf dem prachtvollen Haar, bietet die Kaiserin einen geradezu grandiosen Anblick! In die Satteltasche steckt sie den Fächer und Papiertücher zum Abtupfen des Schweißes, auf daß Sommersprossen die schöne weiße Haut nicht verunstalten ...

Reiten in Ungarn ist ja ganz nett, aber nur wer auch in England an Jagden teilnimmt, darf sich zu den Top-Reitern zählen. Das weiß Elisabeth. Daher gibt es für sie nur ein Ziel: auf nach England! Aber wie soll sie ihrem Ehemann begreiflich machen, daß sie Wien schon wieder verlassen will, um eine teure Reise anzutreten. Elisabeth hat eine gute Idee. Sie spielt die besorgte Mutter: Die kleine Valerie braucht dringend Seebäder, behauptet sie. Wer kann schon einer liebevollen Mutter, die nur auf das Wohl ihres Kindes bedacht ist, einen Wunsch abschlagen? Der Kaiser kann es nicht, und er macht wieder einmal Geld für seine Frau locker.

Auf Einladung ihrer jüngeren Schwester Marie fährt Elisabeth nach England, und zwar auf die Insel Wight. Sie gibt sich als Gräfin Hohenembs aus und nicht als Kaiserin von Österreich. Dennoch kommt sie um einen Höflichkeitsbesuch bei der englischen Königin nicht herum. Kurz ist der Besuch bei Queen Victoria, denn Elisabeth findet die Königin ausgesprochen unsympathisch. Die beiden sind auch gar zu verschieden: hier die gertenschlanke, jugendliche Kaiserin, da die dicke, biedere Königin im schwarzen Witwenkleid! Elisabeth liebt schöne Menschen. Die pummelige, spießige Queen kann man nicht gerade als schön bezeichnen. Nach dem Motto: „Der erste Eindruck entscheidet" wird jeder weitere Besuch Elisabeths bei Victoria zur Qual. Ihre Fähigkeiten als Diplomatin stellt die Kaiserin nicht unter Beweis. Im Gegenteil, den Beziehungen zwischen Österreich und England erweist sie keinen guten Dienst!

An Jagden kann die Kaiserin freilich nicht teilnehmen, dazu fehlen ihr die sündteuren englischen Jagdpferde, und die kann sich der Kaiser bei aller Liebe zu seiner „Engelssisi" nicht leisten. Ja, erstaunlich, aber wahr, der Kaiser von Österreich ist nicht besonders reich – noch nicht. Doch davon später.

Von ihrer Schwester Marie wird Elisabeth in die Gemeinschaft der Jagd- und Rennreiter eingeführt. Diese sind reich, frei, müssen ihren Lebensunterhalt nicht verdienen und können daher tun und lassen, was immer sie wollen. Nichts zu tun ist auf die Dauer langweilig, und so suchen sie sich einen interessanten Zeitvertreib: Sie leben nur mehr fürs Reiten und für ihre Pferde. Ob das der richtige Umgang für die Kaiserin von Österreich ist? Doch Elisabeth hat Blut geleckt: Sie weiß, daß sie wiederkommt – als brillante, tollkühne Reiterin, die auf den Jagden glänzende Figur macht. Ihren ganzen Ehrgeiz setzt sie daran, dieses Ziel zu erreichen. Das bedeutet: trainieren, trainieren und noch einmal trainieren! Auf ihrem englischen Reitpferd – das Geschenk einer vermögenden Lady – übt sie stundenlang das Springen über englische Hindernisse. Wie sehr sehnt sich Elisabeth nach England zurück! Wenn sie nur reich wäre, dann ...

Plötzlich ist Elisabeth reich! Ein Lottogewinn? Nein, der reiche Erbonkel von Franz Joseph stirbt im Jahre 1875 in Prag. Alle Geldsorgen des Kaiserpaares haben ein Ende, die Zeiten des „Kasteiens" sind vorbei. Der Kaiser schenkt seiner Frau zwei Millionen Gulden und erhöht ihre jährlichen Zuwendungen auf 300 000 Gulden! Welchen Wunsch erfüllt sich Elisabeth als erstes: Sie kauft Pferde, viele Pferde, die besten, die teuersten Pferde. Als echter Profi will die Kaiserin vor ihrer ersten Fuchsjagd in England ordentlich Kondition tanken. Urplötzlich muß die kleine Valerie wieder auf Erholung, Meeresluft täte ihr gut. Zufällig begleiten etliche Pferde, ein Stallmeister und Stallburschen die kleine Kaisertochter und ihre Mutter in die Normandie.

Sie bewohnen das alte Schloß Sassetôt. Baden und Reiten sind die Hauptbeschäftigungen. Wie schon in England wollen Schaulustige die Kaiserin im Bade beobachten. Mit einem einfachen Trick führt Elisabeth besonders Neugierige in die Irre: Ihre Hofdamen tragen das gleiche Badekostüm wie die Kaiserin. Wer will schon aus einer gewissen Entfernung erkennen, welche der Damen die Kaiserin von Österreich sei? Die Lust am Schauen nimmt rapide ab.

Im Garten des Schlosses werden englische Hindernisse aufgebaut. Waghalsig nimmt die Kaiserin jede noch so hohe Hürde, sucht den perfekten Weg, Hindernisse unbeschadet zu passieren, doch sie stürzt auch zuweilen. Ein Kapitalsturz der Kaiserin schreckt ganz Europa auf. Die Zeitungen, vor allem Frankreichs und Österreich-Ungarns, sind voll davon. Man liest, daß die Kaiserin infolge eines kapitalen Sturzes vom Pferd bewußtlos am Boden liegenblieb und eine Gehirnerschütterung davontrug. Auch Kritik wird geübt an dem kostspieligen Vergnügen der Adligen, dem auch die Kaiserin frönt. Ihre eiserne Natur läßt Elisabeth auch diesen „kleinen Zwischenfall" locker überwinden:

„Es tut mir leid, daß ich Dir diesen Schrecken machte. Aber auf solche Unfälle sind wir ja doch eigentlich beide immer gefaßt ... Ich freue mich schon sehr, wieder mehr Pferde zu haben. Ich hatte hier zu wenig für die Arbeit ... Ich lege meinen Stolz darein, zu zeigen, daß ich eines solchen Rumplers wegen nicht das Herz verloren habe."

Dieser „Rumpler" scheint ihre Reitleidenschaft nicht zu bremsen, doch das Kostbarste, das sie besitzt, ihren „Augapfel", ihre Tochter, will sie vor derlei Gefahren schützen: Marie Valerie muß ihr Ehrenwort geben, nie im Leben auf einem Pferd zu reiten. Nichts als Scherereien hat der Kaiser mit der Reitleidenschaft seiner Frau, und doch steht er als der größte Fan Elisabeths hundertprozentig hinter ihren Eskapaden. Ihrem Charme kann er nicht widerstehen, und für Unterhaltung ist auch gesorgt, denn langweilig wird es ihm mit seiner „Engelssisi" nie.

Elisabeth hat in der Normandie Kondition getankt. Nun fühlt sie sich fit genug, um auf den strapaziösen Fuchsjagden in England eine gute Figur zu machen: Die Kaiserin ist reif für die Insel! Für England, genauer Northamptonshire, wo sie ein Jagdhaus bewohnt, in dessen Nähe sich das Landschloß des Earl of Spencer, eines begnadeten Parforcereiters, befindet. Spencer? Earl of Spencer? Der Name wird noch Jahrzehnte später durch die Zeitungen in aller Welt geistern. Na klar, wer kennt nicht Lady Diana Spencer, die Ehefrau des Kronprinzen von Großbritannien, eine Nachfahrin des alten Earl of Spencer! So wie jede noch so kleine „Bewegung" Lady Di's in Zeitungen und Zeitschriften bis ins kleinste Detail beschrieben wird, macht auch Elisabeth Schlagzeilen. Ihre Sportreise ist ein gefundenes Fressen für Reporter aus aller Welt: eine Kaiserin, die sich ein so kostspieliges Hobby leistet, während ein beträchtlicher Teil der Bevölkerung ihres Landes in bitterster Armut lebt, ist nicht gerade Werbeträgerin für eine Monarchie!

Die Kaiserin rührt das alles nicht im geringsten. Sie fühlt sich als Republikanerin, doch um so erstaunlicher ist ihr Verhalten. Jegliche Kritik an ihrem Lebensstil prallt an Elisabeth ab, denn endlich hat sie wieder das

Auf der Jagd setzt Elisabeth
waghalsig über einen Zaun.

Gefühl, wirklich zu leben, aus dem Vollen zu schöpfen. Sie genießt das
unkonventionelle Dasein in England in vollen Zügen. Noch nie hat sie sich
weniger als Kaiserin gefühlt als hier in England unter ihren Reiterfreunden.
Das herrlich unbeschwerte Gefühl der Freiheit hat auch einen Namen: Bay
Middleton. Als einer der erfolgreichsten Reiter seiner Zeit soll er die Kaiserin auf ihren Jagdausflügen begleiten: Lord Spencer hat ihn als Reitbeglei-
ter Elisabeths eingestellt.

       Bay Middletons Begeisterung über seien neuen Job hält sich in
Grenzen. Er malt sich seine Aufgabe in den greulichsten Farben aus: Seine
Fähigkeiten soll er einer zickigen, ängstlichen, in die Jahre gekommenen
Dame der High-Society mit dürftigen Reitkenntnissen zur Verfügung stel-
len? Horrible! Welch trübe Aussichten für einen genialen Reiter! Auch die
Kaiserin erfährt, daß sich der überhebliche Kerl nach Leibeskräften sträubt,
einen so *„langweiligen Posten"* anzunehmen. Das erste Treffen der beiden
ist kühl und distanziert, doch der selbstbewußte Middleton fordert den
Ehrgeiz der Kaiserin heraus. Der erste gemeinsame Ausritt wird zur Probe
für die Kaiserin, und sie besteht die Probe so bravourös, daß dem armen
Bay Hören und Sehen vergeht. Keine Hecke ist ihr zu hoch, kein Zaun zu
gewaltig, kein Graben zu tief, und das noch dazu im Damensattel! Elisabeth ist nicht nur eine grandiose, sondern auch eine äußerst mutige Reite-

rin, die das Risiko eines Sturzes durchaus einkalkuliert. Als Elisabeth auch noch eine Charme-Offensive startet, ist Bay Middleton nicht mehr zu retten, er verfällt ihr mit Haut und Haar. Die beiden sind von nun an unzertrennlich: der 30jährige, etwas schwerhörige, rothaarige, kraftstrotzende Sportsmann und die zierliche, furchtbar leise sprechende, elegante, neun Jahre ältere Kaiserin von Österreich – ein seltsames Paar.

Eine kerngesunde Frau, die keine Kopfschmerzen plagen, die scherzt und lacht, die nach Herzenslust und mit großem Appetit ißt und mit Begeisterung Wein trinkt und sich von Middleton sogar herumkommandieren läßt – so lernt man die Kaiserin in England kennen. Franz Joseph würde seine schwierige, kapriziöse Frau nicht wiedererkennen! Sie genießt ihr Leben in vollen Zügen, ist der unumschränkte Mittelpunkt jeder Jagd, kurzum: Sie ist glücklich.

Doch bald bekommt auch dieses Glück Sprünge. Die Vertrautheit zwischen der Kaiserin und Bay erregt einerseits die Eifersucht ihrer ungarischen Reiterfreunde, andererseits die Phantasie so mancher Klatschtante. Gerade ihre Schwester, die Ex-Königin von Neapel, bringt die Gerüchteküche zum Brodeln: Bay und Elisabeth wird ein Liebesverhältnis nachgesagt. Dem Kronprinzen Rudolf, der zeitgleich mit dem dritten England-Aufenthalt seiner Mutter eine Bildungsreise durch England absolviert, wird von seiner Tante das Gerücht zugetragen. Verletzt, eifersüchtig und aufgebracht gegenüber Bay reagiert Rudolf, und das Verhältnis zu seiner Mutter wird noch schlechter, als es ohnedies schon ist. Die Lust an Englandreisen ist der Kaiserin gründlich vergangen: Sie weicht nach Irland aus – mit Bay, aber ohne ihre Schwester.

Eine Frage bleibt natürlich offen: Haben die beiden nun miteinander, oder haben sie nicht? Sehr verliebt sind sie allem Anschein nach, doch Elisabeths nicht gerade lustvolles Verhältnis zur körperlichen Liebe spricht dagegen. In dieser Hinsicht bleibt sie ihr Leben lang das 16jährige Mädchen, das die romantische Liebe ohne sexuelle Erfüllung sucht. Das blutjunge, unerfahrene Mädchen muß seine ersten sexuellen Erfahrungen im Ehebett als Vergewaltigung empfunden haben. Die Entwicklung zur erwachsenen Frau wird dadurch jedenfalls gestört. Elisabeth funktioniert als perfekte Gebärmaschine: Drei Kinder in vier Jahren sind eine reife Leistung. Ihre Gefühle als Frau spielen dabei keine Rolle! Der unkomplizierte Bay Middleton turned die Kaiserin zweifellos an, und er vermittelt ihr auch ein Gefühl von Sicherheit und Geborgenheit. Die Erfüllung in der Liebe bleibt den beiden dennoch verwehrt, ihre Befriedigung beim gemeinsamen Reiten aber kann ihnen keiner nehmen. Befriedigung? Na ja, die Berichte Elisabeths an den Kaiser klingen eher nach Selbstverstümmelung:

„Bayzand fiel über eine Bank in die Wiese hinein und tat sich weh am Fuß. Er liegt im Bett mit einem Eisbeutel am Knöchel. (…) Rudi Liechtenstein ist auch gefallen, ohne sich etwas zu tun und Lord Langfort, der auf's Gesicht fiel, konnte jetzt nicht gut schlucken … Eines Tages kam ein Sumpfgraben, aber ganz grün. Über den fiel Middleton und ich auch, aber in guter Distanz und über den Sumpf, wir wurden also nicht naß, und es war sehr weich. Es sollen noch viele hineingefallen sein …"

Zwischendurch spielt Elisabeth mal wieder Kaiserin, läßt sich für den einen oder anderen Hofball mit Todesverachtung ins Geschirr spannen, besucht widerwillig Queen Victoria, erfährt so nebenbei von Kämpfen österreichischer Soldaten in Bosnien und Herzegowina – zwei türkischen Provinzen, die von Österreich-Ungarn militärisch besetzt werden –, läßt die Feierlichkeiten anläßlich ihrer Silberhochzeit mit Franz Joseph über sich ergehen, gratuliert ihrem Sohn in Brüssel kurz zur Verlobung mit der Tochter des Königs von Belgien – und kehrt zu ihrem Hauptlebensinhalt zurück: zum Reiten nach Irland und zu Bay Middleton.

Die Kritik am kostspieligen Hobby der Kaiserin wird immer lauter und ist nicht gerade unberechtigt: Die Pferde Elisabeths werden nach Irland transportiert, auf irische Verhältnisse umgeschult und etliche sehr teure dazugekauft. Als eine Irlandreise aus politischen Gründen nicht mehr möglich ist, wird in England ein Haus auf die „Grundbedürfnisse" der Kaiserin hin umgestaltet. Ein Badezimmer, ein Fitneßraum, eine Wendeltreppe zu ihrer Küche, elektrische Klingeln und eine Kapelle werden ergänzt; ein kleiner Bahnhof bekommt einen eigenen „kaiserlichen" Warteraum sowie ein zusätzliches Gleis für die „Pferdezüge". Die Kosten sind enorm, und dem einsamen Kaiser in Wien gehen schön langsam die Argumente aus, um seine Frau vor Kritik zu schützen. Doch die für ihn peinliche Angelegenheit findet ohne sein Zutun schlagartig ein Ende.

Geradezu von einem Tag auf den anderen hört Elisabeth zu reiten auf. Was sie dazu bewogen hat? Rheuma und die längst überfällige Heirat Bay Middletons mit seiner langjährigen Verlobten. Elisabeth und Bay schreiben sich im geheimen, und hin und wieder treffen sie einander. Mit nur 46 Jahren verunglückt Bay bei einem Pferderennen tödlich. Geschenke erinnern an die innige Beziehung der beiden: Manschettenknöpfe, ein Medaillon und ein Ring. Die Briefe der Kaiserin verbrennt die eifersüchtige Witwe.

Was macht die kaiserliche Spitzensportlerin nun in ihrem wahnsinnigen Bewegungsdrang? Sie lernt Fechten, und sie unternimmt zum Leidwesen ihrer Hofdamen stundenlange Gewaltmärsche in einem irren Tempo. Wie Profi-Läufer werden die Kaiserin und ihre hinterherkeuchende Hofdame oftmals von einem Wagen begleitet, der letztere aufnimmt, bevor sie vor Erschöpfung das Zeitliche segnet. Elisabeth ist extrem ausdauernd. Sie läuft bei jedem Wetter, in der Ebene, auf Berge, ja sogar in der Wüste in Ägypten ist sie zum Erstaunen ihrer Begleiter acht Stunden unterwegs. Besonders arm ist ihre Begleiterin, Gräfin Festetics. Die bedauernswerte Hofdame ist mollig, klein und stets von Hunger geplagt. Nach einer sechsstündigen Gewalttour heißt sie der Kaiser nur noch mit den Worten willkommen: *„Leben Sie noch, Gräfin? Das hat ja schon keinen Namen."*

Das spleenige Verhalten der Kaiserin verwirrt so manchen stinknormalen Durchschnittsbürger: Als einem aufmerksamen Polizisten die zwei im Laufschritt dahineilenden Damen auffallen, kombiniert er scharfsinnig, daß die beiden natürlich verfolgt werden. Noch bevor er den großen Beschützer mimen kann, wird er über die Identität der Dauerläuferin aufgeklärt. Obwohl keine Gefahr in Verzug ist, läßt es sich der pflichtbewußte Gesetzeshüter nicht nehmen, die Damen nach Schönbrunn zu begleiten.

Um bei ihren Spazierläufen unerkannt zu bleiben, trägt die Kaiserin stets einen Lederschirm bei sich. Bietet der Schirm zu wenig Schutz vor Schaulustigen, verlegt sie ihre Wanderungen und Bergtouren in die Nachtstunden. So geschehen im Sommer 1885 in Zell am See, wo sie gemeinsam mit einer Hofdame und Bergführern um ein Uhr nachts einen Gipfel erklimmt. Laternen weisen den „Bergkameraden" den Weg.

Ebenso maßlos betreibt die Kaiserin ihre neue Entdeckung, das Fechten. Kein Geringerer als ein Fechtmeister von der Universität Heidelberg darf Elisabeth gegen gutes Geld Fechtstunden erteilen. Dem Schloßhotel in Heidelberg, wo sie zuweilen logiert, drückt sie wie so oft ihren ganz speziellen Stempel auf: Ein Fechtzimmer wird für den hohen Gast eingerichtet.

Eine Reisegesellschaft auf der Akropolis in Athen. Welche der Damen ist die Kaiserin?

DIE LANDPOMERANZE ALS INTELLEKTUELLE

Elisabeths Reit-Tourneen finden ihr Ende. Der Kaiser sieht nun endlich seine Chance gekommen, die Kaiserin an ihn, an Wien zu binden. Er hofft ihre Reiselust, ihre Unruhe zu zähmen, er glaubt tatsächlich, er könne Elisabeth seßhaft machen. An die 30 Jahre sind die beiden nun schon verheiratet, und noch immer ist sie für ihn ein Buch mit sieben Siegeln. Er versteht sie einfach nicht, und trotzdem, oder vielleicht gerade deswegen, liebt er sie.

Der gute Kaiser macht seiner Sisi ein traumhaft schönes Geschenk: Er läßt ihr im Lainzer Tiergarten eine Villa erbauen, die nach dem griechischen Götterboten benannte Hermesvilla. Kein Fremder kann Elisabeth hier stören, wenn sie sinnend und dichtend in dem von einer Mauer umgebenen Wald ihre Kreise zieht. Nahe bei Wien, aber doch weit genug entfernt vom Wiener Hof, soll die Kaiserin endlich Ruhe finden, denkt Franz Joseph, und er bedenkt wirklich alles: Die Villa soll ganz auf die Bedürfnisse seiner geliebten Elisabeth zugeschnitten sein: Statuen von Hermes, Achill, Heinrich Heine, prächtige Wandmalereien, vor allem die Darstellung „Titania und Esel" im Schlafzimmer, ein Prunkbett, ein Turnzimmer, eine Wendeltreppe, um – ohne gesehen zu werden – den Reitstall erreichen zu können; alles, was seiner Frau lieb und teuer ist, kommt in die Villa. Hat er Erfolg damit, gefällt die Villa seiner sekkanten Frau? Doch, sie gefällt. Elisabeth liebt es, in *„Titanias Zauberschloß"*, wie sie es poetisch bezeichnet, zu lustwandeln und zu dichten:

> Titania wandelt unter hohen Bäumen,
> Mit weissen Blüten ist ihr Pfad bestreut,
> Die Buchen rings, die alten Eichen keimen,
> Es scheint der Wald ein Dom dem Mai geweiht.

Ein Dom durchweht von märchenhaften Träumen,
Ein Zauberort verborgen und gefeit;
Maiglöckchen läuten duftend süße Lieder,
Und goldne Falter schweben auf und nieder ...

Was soll nun die ruhelose Kaiserin in dieser Villa machen? Soll sie tatenlos herumhocken und Däumchen drehen? Die Schönheit hat sie verloren, Sport ist Mord, Krankheiten quälen sie in der Folge, Marie Valerie wird langsam flügge ... Eine 50jährige Frau macht sich auf die Suche nach einem Sinn in ihrem Leben, der über ihr kleines Dasein hinaus in die Zukunft weist: Sie schreibt Gedichte, die sie als besonderen Schatz der *„Zukunfts-Seele"* überantworten will.

Die Hermesvilla im Lainzer Tiergarten

Das Prunkbett Elisabeths in der Hermesvilla. Sie benutzt es kaum, sondern liebt es, am Boden auf einer Matratze liegend, von ihrem Fenster aus den Sternenhimmel zu betrachten.

DIE GEHEIMNISVOLLE KASSETTE

*Kaiserin Elisabeth hat Angst, daß ihre Gedichte, ihr poetisches Tagebuch, die „Zukunftsseele"
nicht erreichen werden. Was das für sie bedeuten würde, ist klar: den eigentlichen Tod.
Sie trifft äußerst komplizierte Vorkehrungen, um das zu verhindern: Zunächst einmal läßt
sie zwei Gedichtbände – „Nordseelieder" und „Winterlieder" – in der Staatsdruckerei
vervielfältigen, um davon möglichst viele Exemplare zu erhalten.*

*Niemand soll erfahren, wer der Autor des Werkes sei, deshalb müssen Elisabeths Nichte
Marie Larisch und deren Cousine die Gedichte zunächst abschreiben, denn die Handschrift
der Kaiserin darf nicht aufscheinen. Das wäre ein Skandal! Ihre Lust am Provozieren hält
Elisabeth gegen ihre Gewohnheit im Zaum. Die Kaiserin von Österreich, die sich ungeniert
über ihre Familie lustig macht, die ihre Schwiegertochter als „Trampeltier", ihre Tochter
Gisela als „rackerdürre Sau" und Zar Alexander III. von Rußland als „Pavian" und seine
Gemahlin als „Äffin" bzw. seine Kinder als „Äfflein" bezeichnet, weiß, daß sie eine Zeitbombe
aus der Hand gibt. Doch leider glaubt sie auch felsenfest daran, daß die Gedichte an sich
bombig seien. Das sind sie jedoch leider nicht.*

*Elisabeth geht taktisch klug vor: Ihre handgeschriebenen Gedichtbände in drei schwarzen
Lederbänden, die verschließbar sind, und 59 gedruckte Bände werden in eine Kassette
gegeben, diese wird mit einem Seemöwen-Siegel versehen. Elisabeth händigt die
Geheimkassette Ida Ferenczy aus, diese verbirgt die Gedichte im Toilettezimmer der Kaiserin.
Nach dem Attentat auf Elisabeth wird es spannend, die Geheimaktion „Poetisches Tagebuch"
beginnt: Ida übergibt im Auftrag der Kaiserin die Kassette an deren Bruder Carl Theodor,
dessen Erbe sie wiederum nach 60 Jahren dem Schweizer Bundespräsidenten übergeben
solle. Die Kaiserin vertraut ihren Schatz der Republik Schweiz und nicht der Monarchie
Österreich-Ungarn an.*

*Um ganz sicher zu gehen, daß die Gedichte auch wirklich die „Zukunfts-Seele" erreichen,
wird je einer der gedruckten Gedichtbände in kleineren Kassetten an mehrere Vertrauens-
personen mit derselben Bitte überreicht.*

*Die Sicherheitsvorkehrungen zahlen sich aus: 1951 wird die große Kassette und 1953 eine
der kleineren Kassetten – alle anderen sind verschollen – aus dem Besitz des Fürsten von
Liechtenstein dem Schweizer Bundespräsidenten ausgefolgt.*

*Ein Brief wird in der Kassette entdeckt: „Liebe Zukunfts-Seele! Dir übergebe ich diese
Schriften. Der Meister hat sie mir dictirt, und auch er hat ihren Zweck bestimmt, nämlich
vom Jahre 1890 an in 60 Jahren sollen sie veröffentlicht werden zum besten politisch
Verurteilter u. deren hilfsbedürftigen Angehörigen ... Mit herzlichem Gruss, denn ich fühle
Du bist mir gut, geschrieben im Hochsommer des Jahres 1890 u.zwar im eilig dahin-
sausenden Extrazug."*

*Die Kaiserin wäre enttäuscht, die schweizerische „Zukunfts-Seele" findet es nicht wert,
die Gedichte herauszubringen. Erst 1983 geschieht dies: in Österreich allerdings.*

Sie fühlt sich von ihren Mitmenschen nicht verstanden, sie begibt sich auf
eine geistige Zeitreise in die Vergangenheit und in die Zukunft. Da fühlt sie
sich verstanden, ja zu Hause ... immer mehr verliert sie den Boden unter
ihren Füßen. Versucht der Kaiser auch noch so verzweifelt, ihre *„Wolken-*

kraxlereien" in Form der Villa in sein Alltagsleben zu holen, um sie an sich zu binden, so muß er dennoch scheitern. Sie entgleitet ihm völlig. Anstatt der Sportreisen unternimmt sie nun Bildungsreisen. Die Hermesvilla dient nur als Herberge, als kurze Raststation zwischen ihren Reisen.

Dem Jahrzehnt als Sportlerin folgen Jahre als Dichterin. Reiten und die Jagd gehören zur Welt des Kaisers, da kann er mitreden; Elisabeths Leidenschaft für die Dichtkunst entfremdet sie ihm aber gänzlich. Menschen ersetzt sie durch einen Toten: den Dichter Heinrich Heine. Sie liest seine Werke, setzt sich mit seinem Leben auseinander, sie dichtet in seinem Stil und wird zu einer anerkannten Heine-Expertin. Wie es einem begeisterten Fan entspricht, sammelt sie alles, was an ihn erinnert, quetscht seine Schwester über ihn aus und pilgert zu seinem Grab nach Paris. Ja, sie behauptet sogar, sein Geist erscheine ihr und der Dichter persönlich würde ihr Gedichte einflüstern.

Ihr Bruder Carl Theodor, ein nüchterner Mensch und berühmter Augenarzt, befürchtet: „ ... *durch diesen eingebildeten Seelenverkehr mit Heine könne sie ihre Nerven so überreizen, dass sie am Ende noch ,umschnappe'."*

Ich eil' ins Reich der Träume,
Mein Meister, da bist Du,
Es jubelt meine Seele
Begeistert schon Dir zu.

Dein Geist hat mich geleitet,
Beherrscht den ganzen Tag;
Ich fühl', wie er gebreitet
Auf meiner Seele lag.

Er drang mit goldnen Worten
Bis in mein tiefstes Sein,
Und in mein Hirn da bohrten
Sich seine Lehren ein ...

Die Statue Heinrich Heines im Garten des Achilleion.

Elisabeth ist stolz auf ihre Dichtkunst, obwohl sie ihr eigentlich nur „eingesagt" wird, aber *„ihr größter Stolz"* ... ist es, *„dass niemand ahnt, dass sie eine Dichterin"* ist.

Nur einige Auserwählte wissen darüber Bescheid. Der Nachwelt will sie ihre Gedichte nicht vorenthalten: Nach 60 Jahren sollen sie veröffentlicht werden.

!

HEINRICH HEINE

wird 1797 in Düsseldorf geboren und soll Kaufmann werden. Er studiert aber die Rechte und beginnt sich für Dichtung zu interessieren und eigene Texte zu verfassen, in denen er auch heftige Kritik an den politischen Zuständen in Deutschland übt. Aus diesem Grund erhält er auch keine staatliche Anstellung und muß das Land verlassen. Er flieht nach Paris, wo er für deutsche und französische Zeitungen schreibt. Nach Deutschland kehrt er – bis auf zwei kurze Besuche – nie mehr zurück. Er stirbt 1856 in Paris, wo er auf dem Friedhof von Montmartre auch begraben ist.
Neben seinen Artikeln für Zeitungen und anderen Schriften verfaßt er vor allem Gedichte. Viele seiner Gedichte sind sehr romantisch, in anderen jedoch macht er sich über Personen, Eigenschaften, politische Verhältnisse u. a. mehr als lustig.

Sie hofft, dadurch ihr nicht gerade tolles Image zu verbessern und endlich wirklich verstanden zu werden. Großen Spaß muß ihr wohl der Gedanke bereiten, daß jene Gedichte, in welchen sie sich auf sehr drastische Art und Weise über die Familie Habsburg und das nervtötende Hofleben lustig macht, in aller Munde sein werden!

Die Kaiserin hat auch als ältere Frau einiges zu bieten: Sie ist belesen, hoch gebildet, mit erstaunlichen Sprachkenntnissen ausgestattet und von politischem Weitblick. Ja, sie ist geradezu bildungshungrig. Griechenland übt in den achtziger Jahren eine unwiderstehliche Anziehungskraft auf Elisabeth aus. Die Entdeckung Trojas durch Heinrich Schliemann erregt ihre Phantasie. Auch Elisabeth begibt sich auf die Spuren Homers nach Griechenland, erlernt perfekt Neugriechisch sowie Altgriechisch und plant den Bau einer Villa auf Korfu, ihrer Lieblingsinsel. Alexander von Warsberg, der österreichische Konsul auf Korfu, ist ihr Reisegefährte. Sein erster Eindruck von der Kaiserin ist katastrophal:

> *„Sie säuselt mich an, knapp, nicht unartig; ich fand sie häßlich, alt, spindeldürr aussehend, schlecht angezogen und hatte den Eindruck, nicht eine Närrin, sondern eine Wahnsinnige vor mir zu haben, so daß ich förmlich traurig wurde."*

Dem Himmel sei Dank, daß Elisabeth nicht Gedanken lesen kann. Während einer gemeinsamen Besichtigungstour beeindruckt sie ihn ganz gewaltig, denn plötzlich *„war die Kaiserin eine andere Frau: gesprächig, formlos, gescheidt, geradezu bedeutend, intim, vorurtheilslos, kurz wie eine der bezauberndsten Erscheinungen, die mir im Leben begegnet."* Sie bezirzt ihn gnadenlos, charmiert, und bald liegt er verliebt vor ihr:

> *„Sie ist bezaubernd liebenswürdig. Kann der Frau nicht widerstehen ... Mir liegt nur an ihr, der Frau."*

Elisabeth fällt auf in Griechenland. Ihres hohen Gehtempos wegen bekommt sie einen Spitznamen: *„Die Eisenbahn",* so nennt man sie. Die Geräusche der Dampfeisenbahn dürften der kranke Warsberg und vor allem die der Kaiserin hinterherkeuchende Gräfin Festetics beisteuern. Die griechischen Vorleser Elisabeths, meist Studenten, müssen sich sogar das Keuchen verkneifen. Während sie verzweifelt versuchen, das Tempo der Kaiserin zu halten, ohne zu stolpern, bemühen sie sich, beim Vorlesen die entsprechende Zeile im Buch nicht zu verlieren. Kein Wunder, daß Elisabeth einen enormen Verschleiß an Vorlesern hat. Viele werfen wegen der starken körperlichen Belastung frühzeitig das Handtuch. Constantin Christomanos bleibt ein Jahr. Er hat einen Buckel und ist für Elisabeth so etwas

Aufgang zum Achilleion.

Säulenhalle im Hof des Achilleion.

wie ein Talisman. Abergläubisch wie sie ist, glaubt sie, daß ihr Bucklige Glück bringen. Entdeckt sie irgendwo einen Buckligen, kann sie sich nicht beherrschen und muß seinen Buckel berühren. Doch nicht jeder hat dafür Verständnis.

Auf Korfu hat Elisabeth plötzlich das Gefühl: „Da möchte ich bleiben." Sie läßt sich ein Schloß errichten. Elisabeth genießt von ihrem neuen Palast im pompejanischen Stil einen prachtvollen Blick aufs Meer. Achill ist der Namengeber des Schlosses – Achilleion nennt man es noch heute. Sie liebt diesen griechischen Helden, *„weil er so schnellfüßig war. Er war stark und trotzig und hat alle Könige und Traditionen verachtet und die Menschenmassen für nichtig gehalten, gut genug, um wie Halme vom Tode abgemäht zu werden. Er hat nur seinen eigenen Willen heilig gehalten und nur seinen Träumen gelebt, und seine Trauer war ihm wertvoller als das ganze Leben."* Will sie sich eigentlich damit selbst beschreiben? Liebt sie ihn, weil er ihr ähnlich ist? Oder möchte sie ihr eigenes Verhalten rechtfertigen?

Wer kann das beantworten ...

Der griechische Dichter HOMER, der vermutlich im 8. Jahrhundert v. Chr. gelebt hat, beschreibt in seinem Werk „Ilias" den Trojanischen Krieg zwischen Griechen und Troja. Achill ist einer der tapfersten griechischen Helden. Er wird als Kind von seiner Mutter Thetis über das Feuer gehalten, damit er unverwundbar und unsterblich werde. Thetis wird

!

jedoch von ihrem Gatten bei dieser Prozedur überrascht, so daß ihr Vorhaben nicht ganz gelingt: Die Ferse des Achill bleibt seine verwundbare Stelle.
Im Kampf gegen Troja wird er von einem gegnerischen Pfeil, den der Gott Apoll ablenkt, genau an dieser Stelle getroffen und – getötet.
Kaiserin Elisabeth widmet Achill einige Gedichte, in denen sie ihn als „Bräutigam" bezeichnet.

Der Bau des Achilleion ist ein teurer Spaß. Wie soll nun das ideale Haus am idealen Ort aussehen?

„Ich möchte einen Palast mit Säulenhallen und hängenden Gärten, vor unberufenen Blicken geschützt – märchenhaft, hochmütig, heilig."

Das Symbol des Achilleion ist der Delphin. Ihn findet man überall: An der Schiffsanlegestelle, am Brunnen im sogenannten *„Musengarten"*, ja sogar die Bettwäsche wird mit einem kleinen Delphin bestickt, und das Geschirr für den Palast trägt ebenfalls einen solchen, selbst das Briefpapier ziert ein Delphin.

Den prachtvollen, bis ans Meer reichenden Garten schmückt eine Vielzahl von Statuen. Krönender Höhepunkt: der sterbende Achill. Ein kleiner Tempel beherbergt ein Denkmal ihres verehrten Meisters Heinrich Heine. Vor neugierigen „Paparazzi" schützt sich Elisabeth durch eine hohe Gartenmauer und noch höhere Ölbäume. So mancher scheut keine Mühe, um einen Blick auf die alternde Kaiserin werfen zu können: *„Die Engländer sind ganz verzweifelt, weil sie sich stundenlang auf dem gegenüberliegenden Hügel postiren und doch nichts sehen können."*

Die Statue des sterbenden Achill im Garten des ihm zu Ehren benannten Achilleion.

Wie talentiert war eigentlich der Lehrling Elisabeth? Die Kaiserin ist leider nicht sehr begabt, Heine kann sie nicht das Wasser reichen. Flüstert der Meister so leise, daß sie seinen Worten nicht folgen kann?

Für Heine begibt sich Elisabeth sogar für kurze Zeit in die Niederungen der Tagespolitik: Ein Heine-Denkmal soll in Düsseldorf aufgestellt werden. Sie fördert das Projekt durch eine hohe Geldspende. Mit einem Gedicht möchte sie auch andere Spender ködern. Ohne Erfolg: Die antisemitische Haltung in Deutschland und Österreich dem Juden Heine gegenüber verhindert eine Aufstellung des Denkmals.

Als allerdings sehr teures Trostpflaster finden sich für Elisabeth unter dem Weihnachtsbaum des Jahres 1888 elf Autographe, Handschriften des verehrten Dichters – ein Geschenk ihres Sohnes Rudolf. 30 Jahre ist er erst, und doch äußert er sich immer wieder ahnungsvoll über seinen baldigen Tod. Nicht zu seinen Eltern, wohl aber zu einer Vertrauten seiner Mutter, der Gräfin Festetics. Hofft er insgeheim, sie werde seine Mutter ins Vertrauen ziehen? Die Gräfin bleibt diskret, vielleicht zu diskret. Die kaiserliche Familie fällt aus allen Wolken, als die Nachricht vom Tod des Kronprinzen in der Hofburg eintrifft. Ein Mädchen namens Mary Vetsera hätte ihn vergiftet und dann Selbstmord begangen. Alle glauben es. Nur Marie Valerie denkt an Selbstmord ihres Bruders. *„Nein, nein, das will ich ja nicht glauben, es scheint so wahrscheinlich, so sicher, daß ihm das Mädchen Gift gegeben hat"*, antwortet Elisabeth. Die Mutter des Mädchens wird gerufen. Die Kaiserin schärft ihr ein: *„Und jetzt merken Sie sich, daß Rudolf an Herzschlag gestorben ist."* Tags darauf kommt die ganze Tragödie von Mayerling ans Tageslicht. Marie Valerie notiert in ihrem Tagebuch, daß das *„Mädchen ausgestreckt im Bette, offene Haare über Schultern, eine Rose in den gefalteten Händen – Rudolf in halbsitzender Position, der Revolver seiner erstarrten Hand entfallen am Boden, im Glas nur Cognac. Er* (der Arzt) *legte Leiche zurück, längst erkaltet, der Schädel geborsten, die Kugel bei einer Schläfe hinein, andere heraus. Gleiche Wunde bei Mädchen. Beide Kugeln fanden sich im Zimmer."*

Der tote Kronprinz wird in seiner Wohnung aufgebahrt. Mit einem Kuß auf den Mund verabschiedet sich seine Mutter von ihm. Die Kaiserin macht Rudolfs Frau schwere Vorwürfe. Fühlt sie sich schuldlos? Mehrere Abschiedsbriefe werden gefunden. Seiner Mutter ist der längste gewidmet.

Voll dunkler Vorahnungen ist der Brief an seine Schwester:

„Wenn Papa einmal die Augen schließt, wird es in Österreich sehr ungemütlich. Ich kenne, was dann folgt, nur zu genau und gebe Euch den Rat, dann auszuwandern."

Hoffnungslosigkeit macht sich breit innerhalb der kaiserlichen Familie. Ein ärztliches Attest bescheinigt Rudolfs „Geisteskrankheit", so daß der Selbstmörder ein kirchliches Begräbnis bekommen kann. Wie mit König Ludwig II., so möchte die Kaiserin auch mit dem Geist ihres Sohnes Kontakt aufnehmen. Deshalb läßt sie sich eines Abends in die Kapuzinergruft einschließen.

Das Verhältnis Elisabeths zu ihrem Ehemann wird immer schwieriger. Auch der gemeinsame Schmerz um ihren Sohn vermag sie einander nicht näherzubringen, auch die Flucht in das Verfassen von Gedichten verliert ihre Wirkung. Sie ist nicht mehr fähig, zu schreiben.

Ein Jahr danach ein neuerlicher Schicksalsschlag: Andrássy, Elisabeths treuester Freund, stirbt; kurz darauf auch ihre Schwester Helene. Elisabeth wird von nun an nur mehr schwarze Trauerkleidung tragen. Ihren Schmuck, ihre farbigen Kleider und viele andere Gegenstände überläßt sie vor allem ihren Töchtern. Ein weiterer Abschied folgt: Valerie heiratet ihren Erzherzog.

Der Marktplatz von Sintra, der Sommerresidenz der portugiesischen Könige. Das Photo entstammt einem Reisealbum Elisabeths. Ist die Dame in Schwarz mit dem weißen Sonnenschirm in der Hand die Kaiserin?

DER KAISER AM ARBEITSTISCHE.

Der einsame Kaiser sitzt wie jeden Tag an seinem Arbeitstisch und studiert Akten.
Vor ihm hängt ein ganz privates Bild, das seine „Engelssisi" mit offenem,
verschlungenem Haar zeigt.

DIE FRAU OHNE SCHATTEN

Rudolf ist tot. Andrássy ist nicht mehr. Valerie ist glücklich verheiratet. Der Kaiser ist versorgt: Die Schratt versüßt ihm seinen Lebensabend. Elisabeths Job am Hof wird neu besetzt. Das Gerangel um die Position der ersten Dame, der Stellvertreterin der Kaiserin, hat voll eingesetzt. Elisabeth löst sich von ihrer Umwelt, die Fäden zu ihren Mitmenschen werden dünner und dünner, das soziale Netz droht zu zerreißen. Für die Öffentlichkeit ist sie nicht mehr greifbar. Als Frau ohne Schatten, als Gespenst, das von Zeit zu Zeit das alte Schloß heimsucht, tritt sie in ihren letzten Lebensjahren in Erscheinung.

„Habe ich erst einmal keine Verpflichtungen mehr ... dann bin ich frei und dann beginnt mein ‚Mövenflug' ... Durch die ganze Welt will ich ziehen ... Ich will zu Schiff die Meere durchkreuzen ..."

Liberty
Ja, ein Schiff will ich mir bauen!
Schön'res sollt ihr nimmer schauen
Auf dem hohen weiten Meer;
„Freiheit" wird vom Maste wehen,
„Freiheit" wird am Buge stehen,
Freiheitstrunken fährt's einher

...

In Trauerkleider gehüllt, in ihre Trauer eingesponnen, mit Schirm und Fächer – als Schutzschild vor dem Leben und der Zerstörung des Mythos von der ewig jungen schönen Frau – bewaffnet, macht Elisabeth die Welt unsicher.

Immer merkwürdiger erscheint die hohe Frau, so als ob sie nicht von dieser Welt wäre. Ihre Ticks, ihre Schrullen nehmen beängstigende Ausmaße an: Schweigend, ohne um Erlaubnis zu fragen, betritt sie Häuser fremder Menschen und findet es nicht der Mühe wert, die guten Leute darüber aufzuklären, was sie nun eigentlich von ihnen wolle. Mit Bestürzung, aber auch ängstlich reagiert so mancher auf die kaiserliche Hausbesetzerin, sobald er der bleichen, schwarz gekleideten Frau in seinem trauten Heim ansichtig wird.

Eine alte Frau aus Nizza läßt sich das nicht bieten: Sie vertreibt die fremde Dame von ihrem Anwesen, als diese ihr Haus unerlaubterweise betreten will. Elisabeth hat Glück, es hätte weitaus schlimmer kommen können. Davon ist auch der Kaiser überzeugt:

„Ich bin froh, daß Deine Nizzaer Indigestion (Verdauungsstörung) *so rasch vorüber gegangen ist und daß Du dort von der alten Hexe nicht auch Prügel bekommen hast, aber es wird doch noch einmal dazu kommen, denn man dringt den Leuten nicht so uneingeladen in die Häuser."*

Nun wissen wir endlich, was Elisabeth so verzweifelt im Haus der alten Frau gesucht hat. Eine Kaiserin ist schließlich auch nur ein Mensch!

Unangemeldet belästigt die Kaiserin nicht nur Durchschnittsbürger, sondern auch gekrönte Häupter. Ihre Repräsentationspflichten versucht sie möglichst schnell und ohne größeren Aufwand zu erledigen. Unvermutet, geradezu überfallsartig taucht sie an so manchem Hof auf. Ungestraft verletzt auch eine Kaiserin nicht die einfachsten Grundsätze der Höflichkeit: In den Niederlanden landet Ihre kaiserliche Hoheit hinter schwedischen Gardinen. Als sie ganz alleine die Mutter König Wilhelms II. besuchen möchte, unangemeldet versteht sich, und auch noch behauptet, die Kaiserin von Österreich zu sein, läuten bei dem Wachposten alle Alarmglocken: eine Hochstaplerin, die sich auf unverschämte Art und Weise einschleichen möchte! Er macht kurzen Prozeß und sperrt die Verrückte ein. Ist die Kaiserin empört, verletzt oder gar beleidigt? Überhaupt nicht! Das kleine Abenteuer ist ganz nach ihrem Geschmack. Es verleiht ihrem Leben für kurze Momente Spannung, und außerdem macht es ihr diebische Freude, andere an der Nase herumzuführen. Lachend läßt sie sich befreien, nachdem das Mißverständnis aufgeklärt ist.

Auch Diners mit der Kaiserin im kleinsten Kreis können sehr „unterhaltsam" sein. Vor allem wenn die schweigsame, in ihre Trauer versunkene Kaiserin unvermutet ruft: *„Ach, hinaus! Hinaus ins Grüne, in die Ferne…"* So wird von einem Essen mit dem Herzog von Cumberland berichtet. Dieser behandelt Elisabeth wie eine Verrückte, indem er der armen Irren bestätigt: *„Sie haben recht, Majestät!"* Marie Valerie erteilt er den Rat: *„Nur nie allein lassen, nie allein!"* Dies könnte der Ratschlag eines Irrenarztes sein!

Waren in besseren Zeiten die Schönheit und die Extravaganzen der Kaiserin ein lohnendes Thema für so manche Zeitung, sind es nun schlicht und einfach die Schrullen, die Verrücktheiten einer kranken, alten Frau. Kein Wunder, daß Zeitungen über den beginnenden Irrsinn der Kaiserin berichten. Der Tod Rudolfs hätte die Arme in den Wahnsinn getrieben, heißt es. Der Mailänder „Secolo" verbreitet auflagenerhöhende Gruselgeschichten:

„Die Kaiserin und Königin Elisabeth leidet am beginnenden Irrsinn. Allabendlich quälen sie Halluzinationen. Ihre fixe Idee ist ergreifend. Sie glaubt, daß Kronprinz Rudolf noch ein Kind und bei Ihr wäre. Zu ihrer Beruhigung mußte man Ihr eine Wachspuppe anfertigen lassen, welche sie ununterbrochen mit Küssen und Tränen bedeckt."

Eine hübsche Geschichte, aber Gott sei Dank erfunden.

An der französischen Riviera trifft Elisabeth Eugenie, die Ex-Kaiserin von Frankreich, zu gemeinsamen Ausflügen. Auch dieser bleibt Elisabeths „Schattendasein" nicht verborgen.

„Es war, als ob man mit einem Gespenst zusammen fuhr, denn ihr Geist schien in einer anderen Welt zu weilen. Selten sah sie, was um sie herum vorging, auch bemerkte sie es kaum, wenn sie von denen, die sie erkann-

Das Kaiserpaar eröffnet die Millenniumsausstellung in Budapest. Obwohl man das Gesicht der Kaiserin durch den dichten Schleier kaum erkennen kann, stellt es der Zeichner sehr stark verjüngt dar. Als Vorlage dazu dient eine alte Photographie.

ten, gegrüßt wurde. Tat sie es, so erwiderte sie den Gruß mit einem eigenartigen Zurückwerfen des Kopfes anstatt mit der üblichen Verbeugung."

      Gespenstisch muten auch die seltenen öffentlichen Auftritte an. Die Tausendjahrfeier Ungarns 1896 krönt sie durch ihre Anwesenheit. Am Ort ihres größten Triumphes, in der Krönungskirche, nimmt eine innerlich und äußerlich zerstörte Frau tief verschleiert am Festgottesdienst teil:

      „Umgeben von dem bunten strahlenden Glanz des versammelten ‚Erzhauses' in der erhöhten Loge, saß diese verschleierte, vollkommen schwarze Gestalt. Profan ausgedrückt: wie ein Tintenfleck auf einem sehr schönen bunten Gemälde."

      Die Eisenbahn, ihr Salonwagen, vor allem aber die Schiffe „Greif" und „Miramar" werden zu ihrem Zuhause. *„Das Leben auf dem Schiff ist viel schöner als jedes Ufer. Die Reiseziele sind nur deswegen begehrenswert, weil die Reise dazwischen liegt."*

      Ihre Unruhe hält sie auf Trab.

PROTOKOLL EINER FLUCHT

Reiseroute des Jahres 1890
Miramare, Wien, Budapest, Gödöllö, Wiesbaden, Heidelberg, Wien, Bayern, Wien, Gastein,
Feldafing, Isle of Wight, Paris, Bordeaux, Lissabon, Gibraltar, Algerien, Korsika, Mentone,
Florenz, Livorno, Neapel, Korfu, Wien

Der Kaiser weiß oftmals nicht, wo sich seine Frau gerade aufhält. Elisabeth wirft ihre
Reisepläne nicht selten kurzerhand über Bord. Sie ändert ihre Reiserouten je nach Lust
und Laune. Franz Joseph schickt seine Briefe an die in Frage kommenden Häfen. Nach
einer gewissen Zeit wird nachgefragt, ob die Briefe wohl abgeholt worden seien. Wenn
nicht, werden sie zurückgesandt. Fast jeden Tag verfaßt der Kaiser einen Brief an Elisabeth,
so daß nicht selten ein ganzes Paket von Briefen in einem Hafen auf die Kaiserin wartet.

Alle ihre Spleens lebt sie im Alter ohne Rücksicht auf Verluste aus: Stundenlange Gewaltmärsche, Schiffsreisen bei stürmischer See und die Kom-
bination aus beidem: Marschieren an Deck bei greulichstem Wetter. Die
Hofdamen, vor allem die kränkliche, ständig seekranke Gräfin Festetics, leiden Höllenqualen: *„Ich sitze hier auf dem schaukelnden Schiff in der frem-*
den Welt – allein ... Ich habe Heimweh ... Donner, Sturm und Regen wie am
jüngsten Tag ...“

    Ein Gewitter auf einem gräßlich schaukelnden Schiff zu ge-
nießen, das schafft wohl nur die Kaiserin; die mitreisenden Bediensteten
sterben nahezu vor Angst. Um die furchtbarsten Unwetter hautnah miter-
leben zu können, ohne von Bord gespült zu werden, läßt sie sich an einen
Stuhl festbinden. Ihre Liebe zum Meer geht ihr im wahrsten Sinne des
Wortes unter die Haut: Ein Tatoo schmückt Sisis Luxuskörper. Sie läßt sich
einen Anker auf die Schulter tätowieren.

    Doch nicht immer schätzt Madame die stürmische See. Wäh-
rend des morgendlichen Bades an Deck des Schiffes – ein Zelt schützt sie
vor neugierigen Blicken – hat der Kapitän gefälligst dafür zu sorgen, daß
das Schiff ruhig im Wasser liegt und die Maschinen nicht laufen. Nur so ist
gewährleistet, daß das Wasser in der Badewanne nicht überläuft.

    Flieht Elisabeth in jungen Jahren vor dem unerträglichen Leben
am Wiener Hof, so läuft sie nun vor sich selbst davon. Was soll sie deshalb
mit einer Villa auf Korfu?

Kann der Körper seßhaft werden, wenn die Seele dahinfliegt? Kaum ist die Villa fix und fertig eingerichtet, hat die Kaiserin ihre Freude daran verloren und möchte sie verkaufen. Den unruhigen Geist treibt es zuweilen auch wieder an die Plätze ihrer Kindheit. In München begibt sie sich auf Spurensuche nach dem Zauber ihrer ersten, heilen Lebensjahre, doch der Besuch im Hofbräuhaus auf ein Maß Bier darf nicht fehlen.

Unter der Sprunghaftigkeit der Kaiserin leiden nicht nur die Hofdamen, sondern auch die nicht gerade beneidenswerten Geschöpfe, die für ihre Sicherheit sorgen müssen: die Polizeiagenten. Elisabeth lehnt ihren Schutz kategorisch ab, doch die immer größer werdende Anarchistengefahr macht dies notwendig. Aber es ist wohl leichter, einen Sack Flöhe zu hüten als auf die ständig sprungbereite Kaiserin aufzupassen. Ein Katz- und- Maus-Spiel beginnt:

„Kolossale Arbeit hatten wir mit der Kaiserin Elisabeth. Niemand durfte sie ansehen. In der einen Hand hielt sie einen Schirm, in der anderen den Fächer. Dazu kamen noch ihre plötzlichen Spaziergänge, einmal um drei Uhr früh, dann wieder vormittags ging sie in den Wald. Man mußte immer auf Posten sein. Dabei hatte ich den strengsten Befehl erhalten, daß jeder Schritt der Kaiserin so zu bewachen sei, daß die nichts bemerke ... Fünf Stunden mußten wir ihr nachpirschen. Immer in etwa zweihundert Meter Entfernung, Bäume oder Felsen als Versteck benutzend."

Kein Zaun ist für die Kaiserin zu hoch, wenn es darum geht, ihre Verfolger abzuschütteln: ein Himmelfahrtskommando für jeden Agenten!

Ihre Mitmenschen schweigt sie konsequent an, sie vereinsamt vollends. Stur ist sie auch, wenn es um die Behandlung ihrer Krankheiten geht. Elisabeth leidet unter starken Ischiasschmerzen. Sie absolviert zwar eine Reihe von Kuren, an die ärztlichen Vorschriften will sie sich aber auf keinen Fall halten. Als ihr eine Röntgenuntersuchung empfohlen wird, lehnt sie ab: *„Ich laß mich nur ungern photographieren. Jedesmal, wenn ich eine Photographie habe machen lassen, hatte ich Unglück."* Entwaffnend muß diese Aussage auf den behandelnden Arzt wirken!

Ein äußerst seltener Schnappschuß von Franz Joseph und Elisabeth in Bad Kissingen, auf der Kurpromenade spazierend. So tritt die Kaiserin in ihren letzten Lebensjahren in Erscheinung: schwarz gekleidet, mit weißem Sonnenschirm und schwarzem Fächer in den Händen – doch zumeist ohne ihren Mann.

Das probate Mittel Elisabeths gegen Wehwehchen jeder Art ist und bleibt die Diät. Eier und Milch sind die Hauptnahrungsmittel ihrer letzten Lebensjahre. Für jedes Gramm zuviel bestraft sie sich noch immer mit qualvollen Hungerkuren. Ja, sie verhungert nahezu vor vollen Schüsseln: Sie leidet unter Hungerödemen, an Gewebewassersucht; es sind dies die ersten Anzeichen des Verhungerns. Elisabeth sehnt sich nach ihrem Tod, sie ist ihres Lebens müde.

Trotz der Gefahr eines Attentats reist sie wiederholt in die Schweiz, vor allem an den Genfer See. Im September 1898 ist sie zur Kur in Montreux. Den 9. September verbringt die Kaiserin auf dem herrlichen Landsitz der Baronin Julie Rothschild bei Genf. Elisabeth ist außerordentlich gut gelaunt und genießt den Tag in vollen Zügen: das herrliche Essen bei italienischer Musik, den Champagner, die Kunstschätze, die kostbare Orchideenzucht, den Park ... Wahrlich, ein selten gelungener Tag für Elisabeth: unbeschwert und heiter ist ihre Stimmung. Die Nacht verbringt die Kaiserin im Hotel Beau Rivage.

Am nächsten Tag planen Elisabeth und ihre Hofdame Gräfin Sztáray, mit dem Schiff nach Montreux zurückzukehren. Das Personal ist schon unterwegs, zu Mittag möchten die Damen nachkommen. Der Vormittag verläuft harmonisch mit Einkaufen und einem Konditoreibesuch. Den kurzen Weg vom Hotel zur Schiffsanlegestelle wollen die beiden zu Fuß zurücklegen. Das Schiffssignal drängt zur Eile: In fünf Minuten legt das Schiff ab. Verflixt, und jetzt auch noch der Verrückte, auffällig benimmt er sich, hinter Bäumen scheint er Deckung zu suchen. Wird er verfolgt? Doch plötzlich attackiert der Mann die Kaiserin ...

DER MÖRDER: LUIGI LUCHENI

Der Italiener Lucheni verbringt, als unehelicher Sohn von seiner Mutter im Stich gelassen, seine Kindheit in verschiedenen Heimen bzw. bei Pflegefamilien. Er wird Hilfsarbeiter; geht als Soldat nach Nordafrika. Später ist er Bediensteter bei einem italienischen Herzog, von dem er gekündigt wird, worauf er nicht mehr Fuß fassen kann, umherzieht und eine Arbeit bald hier, bald dort annimmt. Lucheni begeistert sich in der Folge für die Ideen des Anarchismus und ist der Meinung, daß nur derjenige leben darf, der auch arbeitet.

25 Jahre ist er alt, als er ein Attentat auf ein gekröntes Haupt plant: Prinz Henri von Orléans, der Ansprüche auf den französischen Thron erhebt, wäre ein passendes Opfer. Doch dieser trifft nicht in Genf ein. In den Zeitungen ist zu lesen, daß die Kaiserin von Österreich im Hotel Beau Rivage abgestiegen ist. Zwar reist sie unter dem Decknamen einer Gräfin von Hohenembs, doch kommt man ihr auf die Schliche.

Der Täter hat sein Opfer gefunden. Er trifft genaue Vorbereitungen: Eine Feile bearbeitet er so, daß sie drei scharfe Kanten aufweist, und er studiert medizinische Bücher, um genau zu wissen, wo sich das Herz des Menschen befindet. Er tötet die Kaiserin durch einen gezielten Stich ins Herz.

Diese stirbt jedoch nicht sogleich, da durch die nur sehr kleine Wunde das Blut nicht sofort nach außen schießt, sondern langsam in das Innere des Körpers fließt, so daß die Kaiserin langsam – ohne Schmerzen – innerlich verblutet.

Lucheni wird zu lebenslanger Haft verurteilt, elf Jahre danach nimmt er sich das Leben. Sein Kopf wird von einem Gerichtsmediziner abgeschnitten und in einen Glastopf zu Studienzwecken eingelegt. Heute noch befindet sich der Kopf des Mörders im Pathologisch-Anatomischen Bundesmuseum, dem sogenannten Narrenturm, in Wien. Er darf nicht ausgestellt und nicht fotografiert werden. Man hat vor, ihn zu bestatten.

Er verpaßt ihr anscheinend einen Faustschlag: Die Kaiserin stürzt, fällt auf den Rücken. Ihre Haarkrone bremst den Aufprall. Ein Schrei des Entsetzens! Die Hofdame beugt sich verzweifelt über ihre Herrin. Der Fremde versucht zu flüchten, Augenzeugen hindern ihn daran, wegzulaufen. Er wird inhaftiert. Eine Menschenmenge umringt die Kaiserin. Elisabeth vermag mit Hilfe ihrer Hofdame aufzustehen, bedankt sich bei jedem ihrer Helfer in dessen Sprache. Schnell reinigt man das Kleid der Kaiserin. Der Portier des „Beau Rivage" versucht Elisabeth dazu zu bewegen, ins Hotel zurückzukehren. Vergeblich! Elisabeth: *„Warum? Es ist ja nichts geschehen, eilen wir lieber aufs Schiff."* Die beiden Damen eilen zur Anlegestelle.

Elisabeth: *„Was wollte dieser Mann denn eigentlich?"*

Gräfin Sztáray: *„Der Portier?"*

Elisabeth: *„Nein, jener andere, jener furchtbare Mensch!"*

Gräfin Sztáray: *„Ich weiß nicht, Majestät, aber er ist gewiß ein verworfener Bösewicht."*

Elisabeth: *„Vielleicht wollte er mir die Uhr wegnehmen?"*

Die beiden erreichen das Schiff. Kurz nachdem es ablegt, verliert die Kaiserin das Bewußtsein. Auf dem Verdeck des Schiffes bettet man sie auf eine Bank. *„Einen Arzt! einen Arzt! Ist kein Arzt auf dem Schiffe?"* hört man die Hofdame rufen. Das beengende Mieder wird geöffnet, Wiederbelebungsversuche werden unternommen. Mit Erfolg! Die Kaiserin erwacht, ja sie vermag sich sogar aufzusetzen. *„Was ist denn jetzt mit mir geschehen?"* sind ihre letzten Worte. Und wieder verliert sie das Bewußtsein. Nun erst entdeckt man den kleinen Blutfleck und das Loch im Hemd. Das Ungeheuerliche, das schier Unglaubliche dringt ins Bewußtsein: Die Kaiserin von Österreich ist einem Attentat zum Opfer gefallen. Das Schiff kehrt um. Elisabeth wird ins Hotel getragen. Alle Bemühungen der Ärzte sind vergeblich: Durch das Öffnen des Mieders hat sich die Wundöffnung verschoben. Wiederbelebungsversuche bleiben erfolglos. Die Kaiserin erhält die Sterbesakramente. Um 2 Uhr 40 ist es gewiß. Man hört die Stimme des Arztes: „Tot!" ...

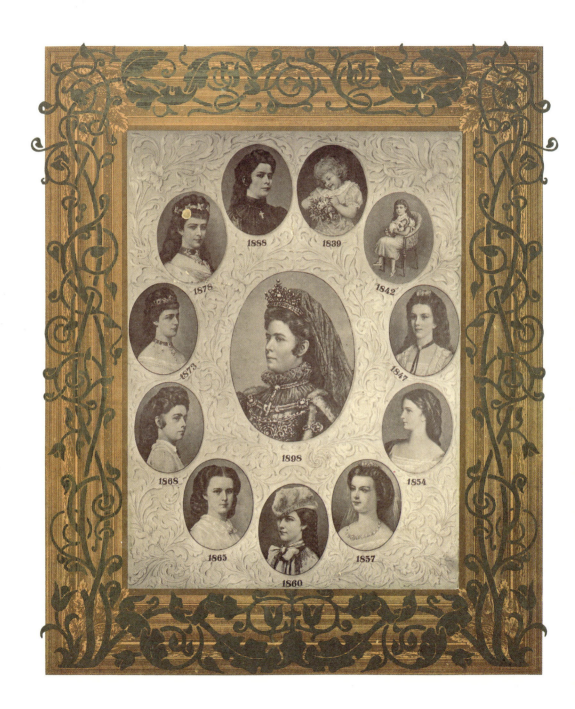

1888 1839

1878 1842

1873 1847

1898

1868 1854

1865 1857

1860

INHALT

CHRISTKIND MIT BISS 5

WER IST GACKEL? 7

VERWANDT-VERLOBT-VERHEIRATET 11

KNALLIGER EMPFANG IN WIEN 27

LANGEWEILE IM GOLDENEN KÄFIG 37

DIE FLUCHT. AUS SISI WIRD ELISABETH 51

SPIEGLEIN, SPIEGLEIN AN DER WAND 61

EIN TAG IM LEBEN DER KAISERIN 73

KAISERIN? EHEFRAU? MUTTER? 79

SPORT IST MORD? 109

DIE LANDPOMERANZE ALS INTELLEKTUELLE 121

DIE FRAU OHNE SCHATTEN 133

Da es sich bei dem vorliegenden Buch um keine wissenschaftliche Publikation handelt, nimmt die Autorin in Struktur und Auswahl der Quellentexte Anlehnung an das Standardwerk über Kaiserin Elisabeth: Brigitte Hamann: Elisabeth. Kaiserin wider Willen. Wien-München 1997. Weitere Quellentexte wurden folgenden Werken entnommen: die Gedichte dem „Poetischen Tagebuch" Kaiserin Elisabeths, herausgegeben 1997 von Brigitte Hamann im Verlag der österreichischen Akademie der Wissenschaften 1997; die beiden Rezepte aus: Ingrid Haslinger: Tafeln mit Sisi. Rezepte und Eßgewohnheiten der Kaiserin Elisabeth von Österreich. Wien-München 1998; die Schönheitsrezepte aus: Jutta Wellmann: Sisis kaiserliches Schönheits- und Gesundheitsbuch. Bad Sauerbrunn; die Info-Blöcke: Franz Joseph und Inhalt der 25 Koffer der kaiserlichen Braut aus: Brigitte Hamann: Elisabeth. Kaiserin wider Willen. Wien-München 1997.

Die Quellentexte auf den Seiten 141, 117, 70 f., 128 wurden dem Ausstellungskatalog: Elisabeth von Österreich. Einsamkeit, Macht und Freiheit. Herausgegeben vom Historischen Museum der Stadt Wien. Wien 1986; dem Ausstellungskatalog: Des Kaisers Reiterei. Elisabeth und die kaiserliche Reitkunst. SchloßHof 1998; Jutta Wellmann: Sisis kaiserliches Schönheits- und Gesundheitsbuch. Bad Sauerbrunn; Brigitte Hamann und Elisabeth Hassmann (Hg.): Elisabeth. Stationen ihres Lebens. Wien-München 1998 entnommen.

Literaturnachweis
Elisabeth von Österreich. Einsamkeit, Macht und Freiheit. Hrsg. vom Historischen Museum der Stadt Wien. Wien 1986.
Ausstellungskatalog des Museums Österreichischer Kultur, Eisenstadt: Elisabeth. Königin von Ungarn. Erzsébet. A magyarok Királynéja. Wien-Köln-Weimar 1991.
Kaiserin Elisabeth. Keine Thränen wird man weinen ... Hrsg. vom Historischen Museum der Stadt Wien. Wien 1998.
CONTE CORTI, Egon Caesar: Elisabeth. „Die seltsame Frau". Salzburg-Graz 1941.
FALKENAU, Doris. Auf Sisis Spuren in Madeira. Eine Reiselektüre. Wien 1996.
FISCHER, Lisa: Schattenwürfe in die Zukunft. Kaiserin Elisabeth und die Frauen ihrer Zeit. Wien-Köln-Weimar 1998.
GRÖSSING, Sigrid-Maria: Kaiserin Elisabeth und ihre Männer. Wien 1998.
HAMANN, Brigitte (Hg.): Elisabeth. Bilder einer Kaiserin. Wien-München 1982.
HAMANN, Brigitte: Elisabeth. Kaiserin wider Willen. Wien-München 1997.
HAMANN, Brigitte (Hg.): Kaiserin Elisabeth. Das poetische Tagebuch. Wien 1997.
HAMANN, Brigitte und Elisabeth HASSMANN (Hg.): Elisabeth. Stationen ihres Lebens. Wien-München 1998.
HASLINGER, Ingrid: Tafeln mit Sisi. Rezepte und Eßgewohnheiten der Kaiserin Elisabeth von Österreich. Wien-München 1998.
HEYDEN-RYNSCH, Verena (Hg.): Elisabeth von Österreich. Tagebuchblätter von Constantin Christomanos. München 1983.
KABELKA, Viktor und Peter MÜLLER: „Schwalbe, leih' mir deine Flügel ..." Die Reisen der Kaiserin Elisabeth. Wien 1991.
KUGLER; Georg: Schloß Schönbrunn. Die Prunkräume. Hrsg. von der Schloß Schönbrunn Kultur- und Betriebsges.m.b.H. Wien 1995.
KUGLER, Georg: Wiener Hofburg. Die Kaiserappartements. Hrsg. Schloß Schönbrunn Kultur- und Betriebsges.m.b.H. Wien 1996.
LEVAY, Monika: Elisabeth und die kaiserliche Reitkunst. In: Des Kaisers Reiterei. Elisabeth und die kaiserliche Reitkunst. SchloßHof 1998.
MRAZ, Gerda und Ulla FISCHER-WESTHAUSER: Elisabeth. Prinzessin in Bayern, Kaiserin von Österreich, Königin von Ungarn. Wunschbilder oder Die Kunst der Retouche. Wien-München 1998.
O'BRIEN, Desmond: Die Entwicklung der Damensättel. In: Ausstellungskatalog: Des Kaisers Reiterei. Elisabeth und die kaiserliche Reitkunst. SchloßHof 1998.
POLLACK, Paul: Der Donauradweg von Passau bis Wien in zehn Etappen. St. Pölten-Wien 1990.
PRASCHL-BICHLER, Gabriele und Josef CACHEE: „... von dem müden Haupte nehm' die Krone ich herab". Kaiserin Elisabeth privat. Wien-München 1995.
PRASCHL-BICHLER, Gabriele: Kaiserin Elisabeth. Mythos und Wahrheit. Wien 1996.
RÖDHAMMER, Hans: Elisabeth. Kaiserin von Österreich und Königin von Ungarn, 1837-1898. Ausstellung des Kulturvereines Schloß Ebelsberg. Linz 1983.
SAUER, Walter (Hg.): Das afrikanische Wien. Ein Stadtführer zu Bieber, Malangatana, Soliman. Wien 1996.
SCHAD, Martha: Kaiserin Elisabeth und ihre Töchter. München 1998.
SCHREIBER, Georg: Die Hofburg und ihre Bewohner. Wien 1993.
SCHREIBER, Georg: Die Kinderwelt im Kaiserhaus und bei den Adeligen. In: Die Kinderwelt der Donaumonarchie. Hrsg. von Heinrich Pleticha. Wien 1995. S. 101-125.
WALTHER, Susanne: Hermesvilla. Lainzer Tiergarten. Wien 1981.
WELLMANN, Jutta: Sisis kaiserliches Schönheits- und Gesundheitsbuch. Bad Sauerbrunn, o.J.